探索与前行

社会组织研究论文集

TANSUO YU QIANXING

SHEHUI ZUZHI YANJIU LUNWENJI

徐彬◎主编

安徽师范大学出版社

责任编辑：秦宗财 胡志立
装帧设计：丁奕奕
责任印制：郭行洲

图书在版编目（CIP）数据

探索与前行：社会组织研究论文集/徐彬主编. —芜湖：安徽师范大学出版社，2014.5（2025.1重印）

ISBN 978-7-5676-1234-1

Ⅰ.①探… Ⅱ.①徐… Ⅲ.①社会组织管理-安徽省-文集 Ⅳ.①C916-53

中国版本图书馆CIP数据核字（2014）第087676号

探索与前行：社会组织研究论文集

徐 彬 主编

出版发行：安徽师范大学出版社
　　　　　芜湖市九华南路189号安徽师范大学花津校区　　　邮政编码：241002
网　　址：http//www.ahnupress.com/
发 行 部：0553-3883578 5910327 5910310（传真）　　E-mail:asdcbsfxb@126.com
经　　销：全国新华书店
印　　刷：阳谷毕升印务有限公司
版　　次：2014年5月第1版
印　　次：2025年1月第2次印刷
规　　格：700×1000　　1/16
印　　张：12.5
字　　数：204千
书　　号：ISBN 978-7-5676-1234-1
定　　价：50.00元

序　言

　　科学研究在知识经济时代既具有高度分化、学科细分的特点，也具有高度综合、学科交叉的特点，这使得科学研究过程中的"单枪匹马"显得单薄而脆弱，而基于科研团队的多元协作、集体协同则显得十分必要。因此，科研团队的建设是大学创新体系建设的前提基础。同时，能否凝练出有学术价值、适应经济社会发展的研究方向，并在此基础上凝聚梯队合理、有机协同的研究团队成为大学创新体系建设和人才培养的基本表现。

　　安徽师范大学历史与社会学院十分重视研究方向的凝练和研究团队的建设。经过近五年来的探索与努力，逐渐形成了年龄结构、学历结构较为合理、年富力强的社会组织研究团队。该团队由10人组成，围绕社会组织研究，近五年来主持了国家社会科学基金项目1项，教育部人文社科项目1项，民政部中国社会组织建设与管理部级课题2项，安徽省领导圈定课题1项，"安徽社会组织发展"理论研究课题3项，安徽省教育厅人文社科项目2项，安徽省青少年和青少年工作研究课题重点项目1项，承担民政部等纵向委托课题2项。在《青年研究》、《社会主义研究》、《城市问题》、《安徽师范大学学报》（社会科学版）等刊物上发表学术论文30余篇。尤其需要指出的是，该科研团队还将社会组织研究与公共事业管理专业教学相结合，做到教学与科研相互结合。

　　该团队成员结合自己的研究专长，对社会组织的多个侧面进行了研究：（1）社会组织与社会管理研究，如徐彬主持的民政部中国社会组织建设与管理部级课题"社会组织建设与社会管理创新的有关问题研究——基于组织学相关理论的分析"（项目编号：2008MZACR001-1166），安建增主持的安徽省教育科学规划课题"非政府组织参与农村留守儿童教育的有关问题研究"（项目编号：JG09016）等。（2）社会组织管理体制改革研究，如徐彬主持的民政部委托项目"规范社会团体商业活动政策研究"、2013年度安徽省领导圈定课题"安徽社会组织管理体制改革创新研究"(项目编号:SLDQDKT201314)、安徽社会组织发展理论研究课题"分类管理:安徽社会组织发展的机制和体制改革研究"(项目编号:2013AMSM1-010)等。(3)社会组织与社会自治研究(在政治哲学层面上看,社会组织是社会自治的组织载体和基本表现),如安建增主持的教育部人文社科项目"政治哲学视野中的自治理论研究"(项目编号:09YJC810003)等。研究成果有安建增等的《论马克思的政治自治思想》,载《西北大学学报》(哲学社会科学版)2010年第6期;安建增的《自治的现代性及其培育》,载《天府新论》2012年第3期。(4)社会组织的社会公信力研究,如夏春主持的安徽社会组织发展理论研究课题"安徽省社会组织公信力现状及提升策略——基于公众认知的调查"(项目编号:2013AMSM1-009)等。(5)社会组织的生成与演化机理研究,如安建增主持的安徽省教育厅人文社会科学研究项目《我国非政府组织的生成机理与政策培育研究》(项目编号:008SK086)、安徽省青少年和青少年工作研究课题重点项目"生成机理与培育机制:青年自组织发展状况的调查研究"(项目编号:2008-015)等。研究成果有安建增的《中美青年自组织生成逻辑的比较分析》,载《青年研究》2008年第7期。(6)某种特定的社会组织研究,如社会团体、中介组织、社区自组织、公共事业组织、事业单位、民办非企业单位、青年自组织研究等。研究项目有钟颖主持的"安徽社会组织发展"理论研究课题"基于DEA和SFA视角的安徽省民办普通高校办学效率研究"(项目编号:2013AMSM1-011);何晔主持的民政部中国社会组织建设与管理部级课题"我国学术类社会团体的现状、改革与管理研究"(项目编号:2008MZACR001-1214)。研究成果有李薇薇的《社区自治组织在构建和谐社会中的作用及其发展对策》,载《陕西理工学院学报》(社会科学版)2007年第4期;朱丽霞的《中国语境下社会中介组织治理问题研究》,载《行政与法》2010年第6期;安建增等的《美国城市治理体系中的社会自组织》,原载《城市问题》2011年第10期,人大报刊复印资料《管理科学》2012年第2期转载;安建增的《青年中心的发展现状及问题》,原载《四川理工学院学报》(社会科学版)2012年第2期,人大报刊复印资料《青少年导刊》2012年第9期转载。

　　本书收录了该研究团队近些年来发表的学术论文、向有关部门提交的研究报告等共计11篇。一方面在于展示本研究团队的研究成果和发展状况，另一方面在于向学界同仁求教，我们将继续努力，充分发挥本团队在科学研究、人才培养、专业教学和社会服务等方面的载体作用。

　　该论文集得到安徽师范大学本科教学质量提升计划项目"公共事业管理复合型人才培养基地"的资助，得到安徽师范大学出版社的关心和帮助，得到安徽师范大学历史与社会学院党政领导的鼓励和指导，得到公共事业管理教研室全体教师的参与和支持，在此一并致以真挚的感谢。

徐　彬

二〇一三年十月

目　录

社会组织管理体制的改革创新思路[①]
——基于安徽省的研究

徐彬，等

摘要： 本文分别从社会组织的理想定位、社会组织管理体制的现状、社会组织的发展现状和社会公众的认知状况等四方面来系统探讨改革与创新社会组织管理体制的思路。社会组织管理体制改革应该适应其发展定位，需要建立基于社会组织功能的分类管理体制，使那些符合发展定位的社会组织充分发展；建立基于社会组织行为的分类管理体制，使那些符合发展定位的行为得到鼓励；建立基于活动领域的分类管理体制，使那些亟需社会组织的领域拥有更多的社会组织。

关键词： 社会组织；管理体制；改革

一、 研究概述

（一）研究对象

1. 社会组织的定义

本课题的研究对象是"安徽社会组织管理体制"，但"社会组织"这一概念本身具有多义性，造成了研究的混乱。所以首先要搞清楚"社会组织"这一概念，明晰其内涵和外延。

首先，从单纯的字面意义上讲。"社会组织"（Social Organization）有"社会的组织"之意，即只要是社会上存在的组织都可以被称为社会组织，一切组织都可以被视为是社会上存在的、具有社会属性的。在这种语境中，政府、企业等都被涵盖在内。在社会学当中，这种用

---

① 本项目由徐彬主持，具体参与者有安建增、何晔、夏春、钟颖、戴卫东、谢敏、吴丽娟、范传文、陈诚等。

法较为常见,它是相对于"社会个体"而言的一种社会主体,具有集体性、组织性。假如使用这一意义上的"社会组织",本课题的研究范围将大大扩展,这种扩展在某种程度上使得本课题因为没有特定的指向性而不必设立。因此,这一意义上的"社会组织"概念显然不是本课题所使用的。

其次,从相关概念的角度讲。与社会组织相关、相近和相似的概念很多,可谓是五花八门、纷繁复杂。诸如,民间组织(Civil Organization)、非政府组织(Non-governmental Organization,简称 NGO)、非营利组织(Non-profit Organization,简称 NPO)、非营利部门(Non-profit Sector)、第三部门(或称"第三域",the Third Sector)、公民社会(Civil Society)、公民社会组织(Civil Society Organization)、独立部门(Independent Sector)、慈善组织(Charitable Organization)、志愿者组织(Voluntary Organization)、免税组织(Tax-exempt Organization)、社会经济(Social Economy)、邻里组织(Neighborhood Organization)、社区组织(Community Organization,也可以翻译为"共同体组织")、公益团体(Commonweal Organization),草根组织(Grassroots Organization)等。[①]这些概念各有所指,也适用于不同的语境、研究范围和国情。研究社会组织的国际权威莱斯特·M.萨拉蒙(Lester M. Salamon)曾指出:"每一种称呼仅反映该领域某一方面的性质,但却抹煞了它的其他方面。每一种称呼都至少部分的错误地引导着人们的理解。"[②]这里不想具体阐释这些概念的不同,只在于说明,社会组织这一概念"成分复杂"、"内涵繁杂"。当然,本研究报告所使用的参考文献中可能根据具体情境分别使用了上述不同的概念,我们在参考使用时将其都视为是与"社会组织"相同的概念。

再次,从具体的组织形态来讲。目前国内的社会组织大致包括15种模式[③]:模式1,8大人民团体和25家免登记社团;模式2,官办教

[①] 参见吴东民等:《非营利组织管理》,北京:中国人民大学出版社,2003年版,第2页;林修果:《非政府组织管理》,武汉:武汉大学出版社,2010年版,第1-2页;康晓光:《非营利组织管理》,北京:中国人民大学出版社,2011年版,第3页。

[②] 转引自李亚平等:《第三域的兴起:西方志愿工作及志愿组织理论文选》,上海:复旦大学出版社,1998年版,第31页。

[③] 王名:《中国民间组织30年——走向公民社会》,北京:社会科学文献出版社,2008年版,第290-298页。

会，如佛教、道教等宗教协会；模式3，居委会、村委会；模式4，有经营性收入的事业单位；模式5，有经营性收入的民办非企业单位；模式6，官办的公益性民间组织，通常是社会团体、基金会；模式7，官办的协会、商会、学会等互益性组织；模式8，民间发起、成立的公益性社会团体、公益性基金会；模式9，公益性的挂靠组织，单位内的或者公益组织内部的二级机构；模式10，民间发起、成立的互益性社会团体、归口管理下的宗教组织和业主委员会等；模式11，互益性的挂靠组织；模式12，草根性的社会自组织，包括街头、公园内的兴趣组织、网络虚拟组织；模式13，因各种原因而以企业形式注册的民间组织；模式14，民间发起成立的游离于政府控制体制之外的、没有获得合法身份的倡导性组织、维权组织、家庭教会以及海外组织在华分支机构；模式15，政治反对组织。不难发现，社会组织的外延极其丰富，表现形式极其复杂，涉及领域极其广泛，存在方式极其多样。

最后，从概念的界定方式来讲。总的看来，社会组织这一概念的界定方法大致包括如下五种：

一是特点列举法。莱斯特·M.萨拉蒙是特点列举法的代表，他指出，"不论它们如何多样化，这些实体都有一些共同特征"，即社会组织便是具备组织性、私有性、非营利属性、自治性和自愿性的组织形态。①

二是外延列举法。一般在法律、标准、统计年鉴等当中采用此种用法。比如联合国国际产业分类体系（ISIC）将社会组织分为3小类15分项；欧盟经济活动产业分类体系（NACE）将社会组织分为18类；美国慈善统计中心的免税团体分类体系（NTEE）将社会组织分为25类；非营利组织国际分类体系（ICNPO）将社会组织分为12类24小类，等等。②

三是排除界定法。即从社会组织"不是什么"的角度来界定，一般从功能上将之界定为"非营利性"的，且在身份属性上强调其"非政府性"。持有此类定义的学者很多，在某种意义上可以说，非政府组

---

① [美]莱斯特·M.萨拉蒙：《全球公民社会——非营利部门视界》，贾西津等译，北京：社会科学文献出版社，2002年版，第3-4页。

② 参见席恒：《公与私：公共事业运行机制研究》，北京：商务印书馆，2003年版，第46-47页。

织、非营利组织、第三部门等定义都是依据排除界定法而得出的。"社会组织"在字面上看也是排除界定法的一种，强调社会组织不是"政府组织"，即其具有民间属性、非官方属性。

四是内涵式界定法。从社会组织的特定内涵出发来概括说明社会组织这一概念。采取此类界定的学者也很多，比如沃尔夫（T.Wolf）就将社会组织界定为："具有法人资格，以公共服务为使命，享有免税优待，不以营利为目的，组织盈余不分配给内部成员，并具有民间独立性质的组织。"①

五是权威文件借用法。此类概念界定法（指"权威文件借用法"本身）也许并不被大家所接受（这是本研究报告首提的），但是对于社会组织而言却恰恰非常适用，因为我国使用"社会组织"这一概念本身就是来源于领导人讲话、党政政策文本。在某种程度上可以说，我国的官方（领导人讲话、政策文本）并未广泛使用非政府组织、非营利组织、第三部门等称谓，而相对常用"民间组织"这一称谓，因为民政部和各省级民政部门为管理社会组织所设立的是"民间组织管理局"，各市县民政部门设立的是"民间组织管理办公室"、"民间组织管理科"。"社会组织"的称谓虽早已有之，但是在国内被推广使用则始于2007年，党的十七大报告首次提出"社会组织"这一概念，并指出要"重视社会组织建设和管理"。2007年11月20日至21日国家民政部在江苏南京市召开的"全国社会组织建设与管理工作经验交流会"，明确提出和使用了"社会组织"这一概念，而后国家民政部也开始广泛使用"社会组织"。②

另外，还有依据资金来源定义社会组织的、依据组织的"结构与运作"定义社会组织的、依据职能定义社会组织的等，③这里不再一一赘述。需强调，每一种界定法各有优缺点，不过，从多种界定方法可以看出社会组织这一概念的复杂性。

我们所采用的"社会组织"概念采取列举法界定，指在民政部门

---

① 转引自席恒：《公与私：公共事业运行机制研究》，北京：商务印书馆，2003年版，第42页。

② 周红云：《中国社会组织管理体制改革：基于治理与善治的视角》，载《马克思主义与现实》，2010年第5期。

③ 参见邓国胜：《非营利组织评估》，北京：社会科学文献出版社，2001年版，第2页；郭国庆：《现代非营利组织研究》，北京：首都师范大学出版社，2001年版，第2页；冯炜等：《非营利组织营销》，北京：科学出版社，2009年版，第5—7页。

登记注册获得合法身份的社会团体、民办非企业单位和基金会。换言之，我们的研究对象就是在安徽省各级民政部门登记注册的社会团体、民办非企业单位和基金会，其他社会组织比如国家级的社会组织、省外的社会组织、非法存在的社会组织、没有登记注册的社会组织都不在本课题的调查研究之列。

2. 社会组织管理体制的定义

顾名思义，社会组织管理体制就是针对社会组织的管理体制。但是，什么是"体制"和"管理体制"呢？《现代汉语词典》中认为体制是"国家机关、企业、事业单位等的组织制度"。显然，这里的"组织制度"更多强调的是具体的运行、管理制度，是与宏观制度、基本制度和根本制度相区别的，体现并受制于宏观制度、基本制度和根本制度的具体制度。用公共政策学的术语来说，"体制"就是"具体政策"，它是相对于"元政策"而言的，体现了"元政策"的要求，是"元政策"的具体实施。

因此，社会组织管理体制就是有关社会组织登记注册、鼓励支持、日常运作、功能发挥、监督管理、评估考核、撤销退出等方方面面的具体规定、具体制度。

（二）研究假设

本课题的研究主题很明确——安徽社会组织管理体制改革与创新。那么，我们必须思考：社会组织管理体制改革与创新从何谈起？改革与创新的问题来源是什么？改革与创新的依据是什么？改革与创新的未来方向和趋势是什么？

针对这些问题，课题组设计了如下研究假设：

假设一：社会组织的理想定位决定了社会组织管理体制改革与创新的方向和举措。即，适合中国国情和安徽省情的最理想的社会组织应该是什么样的？助推社会组织走向理想状态的管理体制又应该是什么样子的？如何改革和创新现有的社会组织管理体制才能达到理想状态呢？可以通过图1直观地表示该假设的基本思路：首先理论上探讨社会组织的理想定位，在此基础上进一步探讨理想社会组织所需要的管理体制，然后再探讨社会组织管理体制改革与创新的方向与举措。

图1 理论假设一示意图

假设二：社会组织管理体制绩效现状决定了其改革与创新的方向与举措。林德布洛姆（Charles E. Lindblom）的"渐进调适模式"（Incrementalist Model）强调，公共政策的改革与创新是在原有政策经验的基础上进行的，是对既有政策的持续和边际性变革的改进。[①]换言之，公共政策的改革与创新必须立足于现行政策，需在考察现行政策经验的基础上逐步地改进。这是保持政策连续性的需要，也有助于保持稳定，避免激进变革带来"震荡"。现有的社会组织管理体制由于历史原因，也有其合理性，无需全面否定也不能全面否定。因此，需要在评估和考察现有社会组织管理体制绩效现状的基础上探讨改革与创新的方向与举措，这样做无疑是"有的放矢"之举。

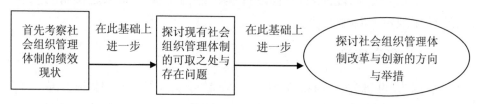

图2 理论假设二示意图

通过图2可以直观地表示该假设的基本思路：首先考察社会组织管理体制的绩效现状，在此基础上进一步探讨现有社会组织管理体制的可取之处与存在问题，然后再探讨社会组织管理体制改革与创新的方向与举措。

假设三：社会组织的发展现状与问题决定了社会组织管理体制改革与创新的方向与举措。社会组织是社会组织管理体制直接针对的对象，社会组织管理体制的好与坏、优与劣直接体现在社会组织的发展状况当中。可以说，社会组织发展状况是社会组织管理体制的"晴雨表"。在好的社会组织管理体制下，社会组织的功能定位可能比较准

---

① [美]林德布洛姆：《决策过程》，竺乾威等译，上海：上海译文出版社，1988年版，第40—43页。

确，能够满足经济社会发展需求；社会组织的运作比较合理，能够通过科学的内部运作充分承载其社会功能；社会组织具有较好的环境适应能力，能够适应环境变化，并在变化的环境中发挥其应该发挥的社会功能，反之亦然。因此，需要对安徽社会组织的功能合法性、运作合理性和环境适应性进行研究，并在此基础上探讨社会组织管理体制改革与创新的方向与举措。可以通过图3直观地表示该假设的基本思路：首先考察社会组织的发展运行现状与问题，在此基础上进一步探讨现有社会组织管理体制的可取之处与问题，然后再探讨社会组织管理体制改革与创新的方向与举措。

图3　理论假设三示意图

假设四：社会公众对社会组织的认知决定了社会组织管理体制改革与创新的方向与举措。社会组织的功能合法性、运作合理性和环境适应性最终都需要反映到公众需求的满足之上。换言之，社会公众对社会组织的发展成效以及对社会组织管理体制的管理绩效都有"直接"发言权。因此，需要调查和了解社会公众对社会组织的认知状况，从中也可以得到改革与创新社会组织管理体制的具体要求。可以通过图4直观地表示该假设的基本思路：首先考察社会公众对社会组织的认知状况，在此基础上进一步探讨现有社会组织管理体制的可取之处与问题，然后再探讨社会组织管理体制改革与创新的方向与举措。

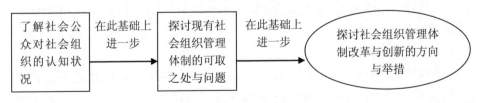

图4　理论假设四示意图

综合上述四个研究假设，本课题的研究思路是通过社会组织的理想定位、社会组织管理体制的现状、社会组织的发展现状和社会公众的认知状况等四方面来系统探讨改革与创新社会组织管理体制的思路。如图5所示。

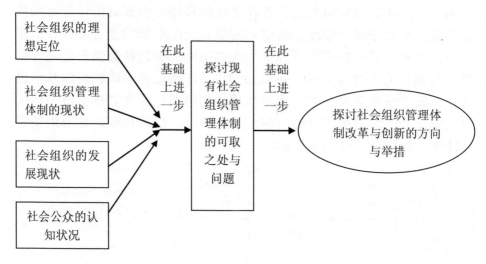

图5　本课题理论假设示意图

（三）研究方法

本课题研究主要采用了文献分析法、问卷调查法和访谈法。

1. 文献分析法

文献分析法主要是搜集、查阅安徽社会组织发展的统计资料、研究文献，样本单位的规章制度、工作计划与工作总结、活动纪录等，用于获取安徽社会组织的发展轨迹、发展特点，安徽社会组织运作的自主性程度、科学化程度等信息和数据。搜集近些年来国内社会组织和安徽省社会组织的受处罚情况，借此研究发现社会组织"爱犯的错误"、"易出的问题"，并在此基础上提出改革与创新社会组织管理体制的举措。

2. 问卷调查法

问卷调查的对象包括两大类：一是社会组织。主要通过问卷调查了解安徽社会组织的功能定位及其实际功能的发挥状况，安徽社会组织运作的合理性状况（包括活动领域、经费来源、制度建设、活动开展、组织运行和发展能力等），安徽社会组织的环境适应能力等方面的内容。二是社会公众。主要通过问卷调查了解社会公众对安徽社会组织的认知、认可状况，发现安徽社会组织以及社会组织管理体制方面存在的问题等。

3. 访谈法

访谈的对象也包括两大类：一是各级民政部门从事社会组织管理的工作人员。通过访谈了解：安徽社会组织管理体制的主要特点；在促进社会组织发展方面，本级政府目前主要做了哪些工作；在促进社会组织参与社会管理、提供公共服务方面，本级政府做了哪些主要工作；目前安徽社会组织管理体制存在的主要问题是什么；针对目前存在的主要问题应该采取哪些措施等。二是社会组织内部的管理者。通过访谈了解如下几方面的内容：安徽社会组织管理体制存在的主要问题；针对目前存在的主要问题应该如何解决；本组织所面临的主要问题、发展过程中的经验和教训；对安徽社会组织管理以及全国社会组织管理的期待等。

（四）研究内容

通过上述研究假设和研究方法，本课题试图回答以下三个问题：一是合理评估安徽社会组织发展现状及其对管理体制改革创新之要求；二是归纳制约安徽省社会组织发展的体制机制障碍，深入分析原因；三是按照"高标准预期"的观念，即按照现代化社会组织以及现代公民社会的要求，并适应"皖江城市带"现代转型的需要，提出安徽省社会组织发展体制机制改革、创新的思路。

（五）研究工作概述

为获取翔实、具体的研究素材，课题组做了如下几方面工作：

第一，课题组组织50余人次的调查队伍，以问卷的方式调查了全省55家社会组织（通过随机数方式选择调查样本）；并通过随机偶遇的方式调查了合肥、芜湖、宣城、黄山等地百余名一般公众，考察公众对社会组织的认知状况。

第二，课题组访谈了省民间组织管理局以及合肥市、芜湖市、宣城市、黄山市的民间组织管理部门，访谈了承担社会科学类学术社团管理职责的省社会科学界联合会，并访谈了30余家社会组织的管理人员。

第三，课题组搜集、梳理、分析了国家、安徽省有关社会组织监督管理的政策、法规、发展规划以及领导讲话。

第四，课题组搜集、研读了国内外有关学者的研究成果（书籍、论文、研究报告等）。

第五，课题组搜集、整理了国家（国家民间组织管理局）2011年以来、安徽省2009年以来对社会组织的处罚决定，研究社会组织在近年来"容易"犯的错误以及频繁出现的问题，为社会组织管理体制内容的设置提供参考。

第六，课题组梳理、分析了国内其他地区关于社会组织管理体制改革与创新的做法，如上海、北京、广东等，为安徽社会组织管理体制改革与创新提供借鉴。

第七，课题组赴南京大学咨询有关社会组织的研究专家，完善研究方案，听取专家对社会组织管理体制存在问题、改革方向的意见和建议。

第八，课题组分别就研究方案、问卷设计、报告撰写召开了三次小型学术会议，以整合课题组成员的智力资源，完善研究过程，提升研究的科学性、针对性。

二、社会组织的理想定位及其对社会组织管理体制的需求

良好的社会组织管理体制需要服务并适合于社会组织的理想定位，能够助推社会组织朝合理方向发展。换言之，社会组织管理体制在本质上属于"工具性"范畴，它应该以社会组织发展的理想定位、功能发挥、公众满意为旨归。基于此，这一部分主要从两方面开展论述：一是国内外学界是如何认识社会组织研究的，对其理想预期如何？二是安徽当前经济社会发展需求和实际情况需要什么样的社会组织，对其具体预期如何？

（一）社会组织理想定位的理论梳理与归纳

社会组织无疑是一种"公共组织"，具有较强的公共性取向。从公共组织理论的角度看，存在三种理论取向：一是以政治科学为取向的公共组织理论，强调公共组织的政治功能；二是以管理科学为取向的

公共组织理论，强调公共组织内部结构的科学性、运作的合理性等；三是以行政科学为取向的公共组织理论，强调不同公共组织之间（如社会组织与政府组织）协同行动，以更有效的方式发挥功能。[①]具体到社会组织而言，学界基本遵循上述三种取向来定位其理想发展方向，大致包括以下几种定位和预期。

1. 制度理论：社会组织是资源配置的"第三种选择"

詹姆斯·P.盖拉特（James P.Gelatt）曾指出，从组织功能的角度来看，现有的三大部门在理想状态下，作为第一部门的政府应该是"为民服务"；作为第二部门的企业应该是"创造利润"；作为第三部门的社会组织应该是"改变人类"。[②]换言之，社会组织是人类社会所必不可少的一种积极行动者、有效行动机制，是资源配置方式清单当中的一种必选机制。

更明确阐释这一问题的是市场失灵理论和政府失灵理论。比如，美国公共经济学家维斯布鲁德（Burton Weibrod）强调：市场失灵的表现和危害为世人所共知，在供给公共物品、配置公共资源方面存在着明显的低效率；政府失灵的表现和危害也不容忽视，有充分的理由证明政府在公共物品供给领域也有很多不尽如人意的地方，难以以有效的行动提供足量、优质的公共物品，也难以以积极的行动及时回应和满足民众的公共需求。为了弥补政府和市场在公共物品领域的失灵，社会组织应运而生，且成效显著。这是因为，社会组织具有非营利性、中立性、自主性、使命感、多样性、专业性、灵活性、开创性、参与性、低成本等特性，使得它们可以在市场失灵和政府失灵并存的"双重失灵"领域发挥作用。[③]赫茨琳杰（Regnia E.Herzilinger）正是在此意义上明确指出："非营利组织在提高人们的知识文化水平、提高医疗保健、资助艺术事业以及为穷人提供生活保障等方面成绩卓著，令企业和政府都望尘莫及。"[④]

---

① 张建东，等：《公共组织学》（第二版），北京：高等教育出版社，2010年版，第25—73页。

② [美]詹姆斯·P.盖拉特：《21世纪非营利组织管理》，邓国胜等译，北京：中国人民大学出版社，2003年版，扉页。

③ 王绍光：《多元与统一——第三部门国际比较研究》，杭州：浙江人民出版社，1999年版，第31—68页。

④ [美]里贾纳·E.赫茨琳杰：《有效的监督：给非营利组织理事们的建议》，载北京新华信商风险管理有限责任公司 译校：《非营利组织管理》，北京：中国人民大学出版社，2004年版，第29页。

汉斯曼（Henry Hansman）的合约失灵理论（Contract Failure）强调市场失灵和政府失灵理论只是解释了市场和政府在供给公共物品方面的无能，因此需要社会组织参与公共物品的供给和公共资源的配置。其实这只是问题的一方面，有些私人物品也需要社会组织供给，原因是消费者在生产者面前属于信息和资源双重弱势者，这种不对称的关系使得消费者常常"吃亏"，尤其是那些带有一定公共性的消费品（准公共物品），诸如家政服务、养老服务、教育培训服务、中介服务等都需要从那些值得信赖的、具有公共性的社会组织那里获得。[①]这就"从需求的角度解释了为什么在美国托儿所、医院和慈善机构多数或全部是非营利性质的"。[②]

概言之，上述市场失灵理论、政府失灵理论和合约失灵理论在本质上都是制度选择理论。它们给社会组织的理想定位是：填充市场机制不足、政府机制不足之外的制度空间。虽然这种定位看似只是给了社会组织以"拾遗补缺"的地位，实质上对社会组织的要求很高——存在数量足够、功能齐全的社会组织来填补政府和市场的空缺；且需要社会组织有较强的环境适应性，能够及时回应社会公众的需求，快捷地整合资源，迅速地开展服务。

当然，这种定位由于具有明显的"剩余法"的特点——只要市场和政府存在不足的地方，就需要社会组织来填补。这显得有些笼统、含糊，指向不明，在指导社会组织管理体制改革方面的作用不明显。

2. 治理理论：社会组织是政府的协同行动者

"作为汉语动词，'治理'有着悠久的历史，其含义大体上是指政治权威通过权力运作使'乱'的状态变成'治'，即有序的状态。作为现代政治学科中一个政治行为范畴，'治理'通常指在政治系统的特定范围内行使权威，对政务或公共事务作出有效的安排，以达到维护政治秩序和维护正义价值的目的。"[③]也就是说，治理理论是新近发展起来的理论。治理理论话语体系中的"治理"（Governance）是相对于"统治"（Government）、"管理"（Management）、"控制"（Control）而言

[①] Henry Hansmann.The Role of Nonprofit Enterprise.Yale Law Journal，Vol.89(1980).

[②] 王绍光：《多元与统一——第三部门国际比较研究》，杭州：浙江人民出版社，1999年版，第34页。

[③] 张凤阳，等：《政治哲学关键词》，南京：江苏人民出版社，2006年版，第311页。

的。"统治"、"管理"或"控制"强调整个公共格局的"一元化"和权力向度的"单向化"。"一元化"指的是公共责任由政府单独承担，公共物品由政府垄断性地生产，排斥其他主体的参与；"单向化"指的是在政府行使公共管理职能的过程中，采取"自上而下"的单向度管理，国家与社会的双向互动不被认可，行政命令、强制控制等是实施公共管理的主要方式。而治理理论"反对将意义束缚在总体化、中心化的理论和系统之中"。①

著名政治学者斯托克（Gerry Stoker）对治理理论的概括最为经典。他认为，"治理"包括五方面的核心要素：一是"治理指出自政府、但又不限于政府的一套社会公共机构和行为者"；二是"治理明确指出在为社会和经济问题寻求解答的过程中存在的界线和责任方面的模糊之点"；三是"治理明确肯定涉及集体行为的各个社会公共机构之间存在的权力依赖"；四是"治理指行为者网络的自主自治"；五是"治理认定，办好事情的能力并不在于政府的权力，不在于政府下命令或运用其权威。政府可以动用新的工具和技术来控制和指引；而政府的能力和责任均在于此。"②不难看出，治理理论主要强调两方面：一是公共治理格局由"多元化"主体所构成，政府、社会组织、市场组织乃至社会个体都可以以特定的方式参与公共管理过程；二是公共治理行动的"协同化"，政府、社会组织等多元化的治理主体在面对公共问题时采取良性互动、协同行动、相互合作的方式来处理。

概言之，在治理理论话语体系中，社会组织的身份、功能都被高度认可，并存在合理、顺畅且多元化、制度化的渠道吸纳社会组织参与公共治理，社会组织是政府的协同行动者。本课题组认为，社会组织的这一定位值得肯定，因为它十分契合我国当前及以后的发展趋势。我国在改革开放前的计划经济体制中，强调体制内力量"统合"政治、经济、社会、文化等一切领域，社会组织缺乏运作的自由空间和资源基础。这种体制被学界称为"总体性社会"。然而，市场取向的改革开放使得社会自由空间逐渐出现，社会自由资源基础逐步夯实，

---

① [美]凯尔纳，等：《后现代理论：批判性的质疑》，张志斌译，北京：中央编译出版社，1999年版，第29页。

② [英]斯托克：《作为理论的治理：五个论点》，华夏风译载《国际社会科学杂志》（中文版）1999年第1期。

"后总体性社会"的样态逐渐出现。①这不仅为社会组织的出现奠定了基础,而且对社会组织的出现提出了要求。总的看来,这一要求包括三方面:一是数量方面,政府的行政体制改革和简政放权转移了相当一部分原来由政府直接担负的公共责任,随着改革的深入,转移出来的职能将会更多。这就需要由非政府性的、公共性的社会组织来承载政府转移出来的职能。在访谈中,有不少被访者强调:政府不想承担那些具体的、技术性的、微观的事务,但是又没有相关组织来处理和承担这些事务,所以"倒逼"着政府不得不大包大揽,这不仅使公共服务效果低下,而且使得改革出现倒退现象。二是能力和态度方面,社会组织要有足够的能力承担相关职能,也需要有积极的态度参与公共服务的提供,如果能力不济、态度不积极,问题也会接踵而来。三是制度方面,如何保证政府和社会组织之间的协同行动而不相互推诿扯皮,甚至对立冲突;如何保证社会组织合理、顺畅地参与公共服务的供给等问题,都需要相关的配套制度。如果制度缺口过大,协同行动和公共治理格局要么不会形成,要么运行效果很差。

上述三方面又在更深层次上提出了一个要求:社会组织必须独立于政府,如果社会组织仍然与政府存在千丝万缕的联系,甚至完全依赖政府而运行,那么公共治理格局充其量是个形式——政府转移出来的职能表面上由社会组织承担了,实质上仍是按照行政体制运行,且仍在体制内"打转转",国家与社会的协同行动、良性互动和相互合作在本质上并未实现。表面上是"强国家—强社会",实质上仍然是"强国家—弱社会","总体性社会"态势在根本上并未改变。"由于外部改革措施不配套,在行政体制改革中,政府许多应当剥离的社会管理职能因缺乏相应的社会载体而无法剥离,相当部分从企事业单位转移出来的社会管理事务通过行政主管部门控制的社会组织又回归到政府身上,公共资源仍然限于在原有行政管理体制的内部循环。"②

治理理论的观点在指导社会组织管理体制改革方面的作用明显。

---

① 孙立平,等:《动员与参与——第三部门募捐机制个案研究》,杭州:浙江人民出版社,1999年版,第8-18页。

② 战建华:《我国社会组织管理体制改革的实践分析——基于北京、上海、深圳等地社会组织体制改革的思考》,载《学会》2009年第7期。

3. 公民社会理论：社会组织是功能显著的中间结构

有学者指出："公民社会的概念最初产生于西方，目前学术界主要从社团和文化两个层面界定公民社会。"①这里主要介绍社团层面的公民社会。

从社团角度定义公民社会起源于法国政治学者托克维尔（Alexis de Tocqueville），其在《论美国的民主》一书中对美国民众的结社以及结社对于政治民主、国家与社会关系的影响给予了积极评价。②

莱斯特·M.萨拉蒙（Lester M.Salamon）指出："近年来，全球出现了非常重要的浪潮，即市场和国家以外大范围的社会机构发挥着重要的作用，这些机构被冠以'非营利的'、'自愿性的'、'公民社会的'……"③

查尔斯·泰勒（Charles Taylor）认为公民社会与自治社团关联密切，"社团是抵抗温和专制的唯一堡垒。为了各种目的而组织起来的自愿性社团都很有价值。但它们的重要性在于，它们使我们具有了自治（self-rule）的体验并形成了自治的习惯。所以追求政治目的的社团是首要的。"④

戈登·怀特（Gordon White）将公民社会视为国家（公共权力领域）和个人、家庭（私人领域）之间的"中介性社团领域"。其特征是，在政治国家之外，属于"民间"性质的，由社会个体资源聚集而成的，有很强的自主性，属于社会"自治"的空间。⑤

我国也有很多学者倡导将社会组织定位于公民社会。比如，王名主编的《中国民间组织30年——走向公民社会》⑥一书就是以"走向公民社会"为副标题的，其在《走向公民社会——我国社会组织发展的

---

① 刘学民：《网络公民社会的崛起——中国公民社会发展的新生力量》，载《政治学研究》2010年第4期。

② 参见[法]托克维尔：《论美国的民主》，董果良译，北京：商务印书馆，1997年版。

③ [美]莱斯特·M.萨拉蒙：《全球公民社会——非营利部门视界》，贾西津等译，北京：社会科学文献出版社，2002年版，第3页。

④ [英]泰勒：《市民社会的模式》，载邓正来、亚历山大：《国家与市民社会：一种社会理论的研究路径》，北京：中央编译出版社，2005年版，第28页。

⑤ [英]怀特：《公民社会、民主化和发展：廓清分析的范围》，载何增科主编：《公民社会与第三部门》，北京：社会科学文献出版社，2000年版，第64页。

⑥ 王名：《中国民间组织30年——走向公民社会》，北京：社会科学文献出版社，2008年版。

历史及趋势》一文中也明确表达了此种观点。[①]陈振明也明确指出："公民社会理论与第三部门的结合，将为第三部门的规范性研究提供思路，为研究第三部门的历史、现状与发展趋势奠定坚实的理论基础。"不难发现，他肯定了公民社会理论对社会组织研究方面的解释力。[②]

将社会组织定位为"公民社会"的观点有相对的可取性。原因有：一是公民社会概念本质上强调民间力量的自主性，强调社会组织在自我管理、自我调节、主动行动方面发挥着重要作用，这与社会组织动员公共资源、供给公共物品、提供公共服务的本质表现是一致的。二是公民社会强调社会组织应该拥有相对于公共权力领域的独立性，两者虽然不是平行线，但是国家与社会的相对分立是未来发展的趋势之一，也是国家治理体系现代化的基本表现之一。三是公民社会并不必然排斥政府，换言之，公民社会理论虽然反对政府独大的"国家主义"，但是其并不反对政府，更不反对社会组织与政府的协同行动，反而十分注重"强国家—强社会"格局的建构。

概言之，公民社会理论在宏观上、整体上为政府之外的"社会"指明了发展方向，而公民社会的内核包括两点：一是社会组织的发育；二是公民社会与国家合作互动关系的确立，并在此基础上实现"强国家—强社会"格局。公民社会理论的观点在指导社会组织管理体制改革方面的作用明显。

4. 社会资本理论：社会组织是自我管理的有效实施者

社会资本（Social Capital）最初由美国经济学家洛瑞（G.C.Loury）在1977年提出来。[③]1980年，布尔迪厄（Pierre Bourdieu）在其论文《社会资本随笔》中正式提出并阐释了社会资本这一概念。此后，这一概念便被诸多学者所重视和阐发。

概言之，这里所言的社会资本并非经济学上与国家所有的资本相对应的由民间主体所拥有的经济资源，而是因各种社会关系而产生的一种能量——互惠、合作、信任。"社会资本是实际的或潜在的资源的集合体，那些资源是同对某种持久性的网络的占有密不可分的，这一

---

① 王名：《走向公民社会——我国社会组织发展的历史及趋势》，载《吉林大学社会科学学报》2009年第3期。

② 陈振明：《公共管理学—— 一种不同于传统行政学的研究途径》（第二版），北京：中国人民大学出版社，2003年，第391页。

③ 卜长莉：《社会资本与社会和谐》，北京：社会科学文献出版社，2005年，第26页。

网络是大家共同熟悉的、得到公认的，而且是一种体制化关系的网络，换句话说，这一网络是同某个团体的会员制相联系的，它从集体性拥有的资本的角度为每个会员提供支持，提供为他们赢得声望的'凭证'，而对于声望可以有各种各样的理解。"[①]波特斯（Alejandro Portes）的阐释更加明确："个人通过他们的成员资格在网络中或者在更宽泛的社会结构中获取短缺资源的能力……获取（社会资本）的能力不是个人固有的，而是个人与他人关系中包含着的一种资产。"[②]

在很大程度上可以讲，政府是法律法规制度的产物，其维系纽带和运作规则也主要依据法律法规制度；企业是契约的产物，其维系和运作也主要依赖契约；而社会组织是社会资本的产物，它强调互惠、合作、信任。也正是互惠、合作、信任等社会资本使社会组织能够发挥自我管理、自我教育、自我服务等作用。这里可以以三个著名学者的研究结论来说明：

埃莉诺·奥斯特罗姆（Elinor Ostrom）在《公共事物的治理之道》一书中，用众多实例表明基于信任、长期合作、重复博弈而出现的社会自组织等基层结构对于公共池塘资源的处理有明显的积极作用，在很多时候比政府机制和市场原则更为有效。[③]

罗伯特·帕特南（Robert D.Putnam）通过在意大利20年的持续实证调研，得出结论：社会组织等基层结构是一种不可忽视的社会资本，对基层秩序、公共问题处理、政治民主等有积极作用。并且，公共生活如果越接近互惠原则和政治平等等理想状态，社会组织的自治特性和自我管理绩效就越明显[④]；同时，"信任的网络使得公民共同体更容易克服经济学家所说的'机会主义'，机会主义使得共同利益无法实现，因为每一个人都采取孤立的行动，都有背叛集体行动的动机。"[⑤]

---

① [法]布尔迪厄：《文化资本与社会炼金术——布尔迪厄访谈录》，包亚明译，上海：上海人民出版社，1997年版，第202页。

② [美]托马斯·福特·布朗：《社会资本理论综述》，木子西译载《马克思主义与现实》2000年第2期。

③ [美]E.奥斯特罗姆：《公共事物的治理之道》，余逊达等译，上海：上海三联书店，2000年版，第二章。

④ [美]帕特南：《使民主运转起来》，王列等译，南昌：江西人民出版社，2001年版，第101页。

⑤ [美]帕特南：《使民主运转起来》，王列等译，南昌：江西人民出版社，2001年版，第101–102页。

曼瑟尔·奥尔森（Mansur Olsom）虽然认为因为理性经济人的"搭便车"取向、"逃避责任"取向使得集体行动困境百出，但他也不得不承认社会资本对于社会组织形成的推动作用："当一些个人拥有共同的或者集体的利益时——当他们分享一个意图或目的时——个人的、没有组织的行动（正如我们很快会看到的那样）或者根本无力增进那一共同利益，或者不能充分地增进那一利益。因此当存在共同或集团利益时，组织就能一显身手，尽管组织经常也服务于纯粹的私人、个人利益，它们特有的和主要的功能是增进由个人组成的集团的共同利益。"①

概言之，社会组织作为社会资本的产物，基于互惠、合作和信任而自主、有效地开展自我管理、自我教育、自我服务活动——这是社会资本理论对社会组织的理想定位。该定位有着相当的合理性：一是社会组织的确是自我管理、自我教育、自我服务的组织载体，通过互惠、合作和信任的倡导可以促生社会组织，也能推动其自我管理、自我教育、自我服务功能的发挥；二是通过社会组织的活动和运行，也能逐步培养互惠、合作和信任精神，增进基层自我管理、自我教育、自我服务的能力。这两方面都是"十八大报告"明确指出的。总之，"随着社会的发展和社会资本概念研究的不断深入，人们越来越认识到社会组织中人们之间的彼此信任和相互合作所蕴含的价值比物质资本和人力资本更为重要。"②

社会资本理论的观点在指导社会组织管理体制改革方面的作用值得我们重视。

5. 社群主义理论：社会组织是追求"善"的共同体

社群主义理论源于城邦政治学。城邦政治学强调城邦是最高的善，"尽管这种善于个人和于城邦是同样的，城邦的善却是所要获得和保持的更重要、更完满的善。"③为实现这种公共至善、共同体至善的要求，古希腊城邦时代十分注重公民"德性"的培养和养成。"在高度发达的希腊城邦里，自由民（指公民）所共有的公共领域和每个

---

① [美]曼瑟尔·奥尔森：《集体行动的逻辑》，陈郁等译，上海：上海三联书店、上海人民出版社，1995年版，第6-7页。

② 尹保华：《社区建设创新与社会管理》，北京：知识产权出版社，2012年版，第242页。

③ [古希腊]亚里士多德：《尼各马可伦理学》，廖申白译，北京：商务印书馆，2003年版，第6页。

人所特有的私人领域之间泾渭分明。"①也就是说，城邦时代并不因城邦共同体而漠视个体的私域，但是公民美德、德性——关注公共、关注共同体却成为公民们主动的追求。这实际上是一种公共责任的宣扬。

社群主义理论的出现就是对这种公共责任的重新肯定。近代以来，主导西方政治哲学的自由主义等理论比较强调个体权利，而相对忽视个人对于社会共同体应当担负的公共责任。社群主义认为近代以来的"权利政治学"、"利益政治学"虽然可以激发社会个体的行动积极性，有进步意义，但其却造成了社会的碎片化。权利与利益的过分强调使得"无论在公域内还是在私人生活中，人与人之间的关系越来越远，隔阂越来越深"。②同时，公民的权利诉求单方面的高涨导致其对政府行动的期望攀升，而参与公共行动的责任意识却被漠视，一方面是高期望、高诉求，另一方面却是消极行动，两方面共同作用导致公共服务供需矛盾的凸显。因此，社群主义强调社会个体、社会组织等一切主体应该同时担负权利和义务，在公共"善"与自我权利实现双重兼顾的基础上开展行动，在追求自我利益和自我实现时顾及社会的共同价值观和各种社会联系，在权利与责任平衡的前提下重构公民社会及其组织形态。

显然，社群主义与多元主义等自由主义流派对社会组织的期望不同。多元主义等更多强调社会组织在利益整合、权利诉求、政治监督、社会压力、政策倡导等方面的作用；而社群主义则更强调社会组织的公共行动（社会救助、医疗服务等）及其公共责任的担当。简言之，社群主义对社会组织的理想定位是：实施具体的公共行动（主要是涉及民生的准公共物品的提供），承担公共责任，通过切实的公共行动增进社会福利。

社群主义的这种定位值得肯定，也非常符合我国现实。一方面，党和政府将加强和创新社会管理作为主要行动主题之一，并提出"健全党委领导、政府负责、社会协同、公众参与、法治保障的社会管理格局"。其中的"社会协同"主体便是社会组织。另一方面，改革开放

① [德]哈贝马斯：《公共领域的结构转型》，曹卫东等译，上海：学林出版社，1999年版，第3页。

② [英]福克斯：《政治社会学》，陈崎等译，北京：华夏出版社，2008年版，第112页。

以来我国的经济社会发展取得了丰硕成果，但在民生方面仍与人民群众日益增长的需求不相适应，这也需要政府、社会组织协同行动，共同促进社会建设、提供社会公共服务。社会组织在民生方面的巨大作用也是被西方发达国家的实践所证明了的。正因为如此，萨拉蒙认为现代福利国家中政府与社会组织的关系是"公共服务中的伙伴"。①

社群主义理论的观点在指导社会组织管理体制改革方面的作用值得借鉴。

6. 管理主义理论：社会组织是具备现代性内部运作机制的行动者

管理主义是相对于价值主义而言的。价值主义强调社会组织本身的价值——自主权、反对权、结社权、利益诉求权。也就是说，价值主义更多强调社会组织及其行动所蕴含的政治意义和价值意涵。国际管理学大师彼得·德鲁克（Peter Drucker）就曾指出："如今我们意识到非营利性部门不仅对美国人民的生活质量、公民权利是非常重要的，而且它还承载着美国社会和传统的价值观。"②这本身没错。但是，管理主义更切合我国实际，且对经济社会发展需求的实质推动作用更为明显：一方面，管理主义强调社会组织开展具体的公共服务行动，这一点上文已详述；另一方面，管理主义强调社会组织内部运作的科学性。不难理解，如果社会组织缺乏科学、有效的内部运作与治理机制，它就很难高效率地运作，顺畅地开展公共行动。德鲁克在《非营利组织的管理》一书中明确指出："非营利组织明白自己需要学习如何使用管理这个工具，以免因不懂管理而使其发展受到制约；它们知道自己需要管理以便能致力于实现使命。"③简言之，社会组织需要在战略—决策—执行—控制机制、日常运营机制、人力资源管理机制、资本（筹资、营销、营利）管理机制、绩效管理（评估）机制等方面做到科学有效，能够在内部保障社会组织的"科学化"运行。

管理主义理论的观点在指导社会组织管理体制改革方面有现实意义。

---

① [美]莱斯特·M.萨拉蒙：《公共服务中的伙伴——现代福利国家中政府与非营利组织的关系》，田凯译，北京：商务印书馆，2008年版。

② [美]彼得·德鲁克：《非营利组织的管理》，吴振阳等译，北京：机械工业出版社，2009年版，《前言》第1页。

③ [美]彼得·德鲁克：《非营利组织的管理》，吴振阳等译，北京：机械工业出版社，2009年版，《前言》第2页。

（二）安徽社会组织理想定位的基本判断

上述几种理论在理论层面上为社会组织的理想定位提供了参考。如上述，安徽社会组织发展的理想定位应该是：社会组织应该具有"公民社会"的属性，逐步走向公民社会；应该为公共事务的"治理"开辟新领域，与政府协同行动；应该成为一个通过自我管理追求"善"的共同体；应该具备现代性的内部运作机制，科学化运行。只有在"高标准预期"下的政策设计才能够使安徽社会组织管理体制充满张力，并有效助推安徽社会组织的健康、可持续发展，才能使其符合、适应经济社会发展的未来趋势。但是，具体区域的社会组织发展还需以区域特点为依据确定战略定位和发展趋势。当然，安徽省实施的区域性社会组织管理体制创新应该保持与国家基本政策、基本战略相一致，这不仅是保证政策有效性和连续性所必需的，而且是保证区域政策创新合法性的前提基础。这一点是安徽社会组织管理体制改革创新过程中所必须强调的。

安徽地处中国中部，与东部发达地区（诸如，上海、江苏、浙江、山东、广东）相比，经济社会的发展程度相对较低。

如表1所示：在2012年，安徽省的国民生产总值为17 212.1亿元，而浙江省、广东省、山东省、江苏省和上海市的国民生产总值要高得多，分别为3.46万亿元、5.7万亿元、5万亿元、5.4万亿元和2万亿元；安徽省公共财政收入为3 026亿元，而浙江省、广东省、山东省、江苏省和上海市分别为6 408亿元、1.47万亿元、4 059.4万亿元、5 861亿元、3 744亿元；安徽省用于民生的支出有3 161.2亿元，除了比山东略高之外，与其他省份都有差距，浙江省、广东省和江苏省分别为4 272亿元、9 672.6亿元和4 225.8亿元；另外，安徽省城乡居民收入相对于其他地区而言也有很大差距，对民生方面的需求相对更高。总之，这一组数据在很大程度上说明，与发达地区相比，安徽省发展相对滞后，基本民生需求和社会建设的要求更高。因此，以民生需求和社会建设为主要发展领域，在公共财政支持相对不足的情况下，更需要社会组织发挥应有的作用。

从这个角度讲，安徽省社会组织发展的定位应该是：服务于民生建设，通过有效的公共行动满足安徽省的需求。具体而言包括：按照社会建设与经济建设同等重要的理念推动社会组织快速、健康发展，发挥社会组织的应有功能，服务于美好安徽建设、服务于皖江城市带承接产业转移示范区建设、服务于合芜蚌自主创新综合试验区建设，成为打造"三个强省"的重要力量之一，重点培育和发展行业协会商会类、科技类、公益慈善类、城乡社区服务类社会组织。①这一发展定位是安徽社会组织管理体制改革创新的前提和依据，也可以说，是安徽社会组织管理体制改革创新的目标之所在。

表1　安徽与部分发达省市综合发展状况比较

省份	2012年国民生产总值	2012年公共财政收入	民生支出额度	城、乡居民人均可支配收入	说明
安徽	17 212.1亿元	3 026亿元	3 161.2亿元	21 024.2元、7 160.5元	数据源于《2013年安徽省人民政府工作报告》。
浙江	34 606亿元	6 408亿元	4 272亿元	34 550元、14 552元	数据源于《2013年浙江省人民政府工作报告》，原文表述为"全省财政每年支出增量的三分之二以上用于民生"。民生支出据此推算。
广东	5.7万亿元	1.47万亿元	9 672.6亿元	——	数据源于《2013年广东省人民政府工作报告》。原文表述为：五年来，"全省财政共投入民生支出17020亿元，占支出总额的比重从53.1%升至65.8%"。民生支出据此推算。
山东	50 013.2亿元	4 059.4亿元	2 277亿元	25 755元、9 446元	数据源于《2013年山东省人民政府工作报告》，原文表述为"民生投入占财政支出连续五年保持在50%以上，2012年达到56.1%"。民生支出据此推算。
江苏	5.4万亿元	5 861亿元	4 225.8亿元	2.96万元、1.22万元	数据源于《2013年江苏省人民政府工作报告》，原文表述为"五年来公共财政用于民生和社会事业支出18310亿元，占公共财政支出的72.1%"。根据平均值估算。
上海	2万亿元	3 744亿元	——	40 188元、17 401元	数据源于《2013年上海市人民政府工作报告》，报告中没有民生投入的总体数据。

① 这一部分参见《中共安徽省委办公厅安徽省人民政府办公厅印发〈关于加强和创新社会组织建设与管理的意见〉》，皖办发〔2013〕9号，2013年5月6日；安徽省民政厅等《关于印发〈安徽省"十二五"社会组织建设发展规划〉的通知》，民管字〔2012〕156号，2012年8月9日。

三、社会组织管理体制的现状及其改革创新方向

"路径依赖"现象和政策的连续性要求决定了社会组织管理体制改革创新需要以现有体制为基础。这一部分从三个层面探讨社会组织管理体制的现状及其改革创新方向：一是国家层面的社会组织管理体制；二是其他各地有关社会组织管理体制改革创新的探索；三是安徽省社会组织管理体制的改革实践。

（一）国家层面的社会组织管理体制①

国家层面的社会组织管理体制由多个层面的政策规范组成，主要包括五个：宪法、法律、行政法规、部门规章、党的政策与文件。它们的有关规定与主要作用如表2所示。

表2 国家层面社会组织管理体制的法规源

政策法规体系	举例	有关规定	主要作用
党的政策与文件	2003年十六届三中全会	按照市场化原则规范和发展各类行业协会、商会等自律性组织	引领规范作用
	2004年十六届四中全会	发展社团、行业组织和社会中介组织，以发挥提供服务、反映诉求、规范行为的作用，形成社会管理和社会服务的合力	
	2005年十六届五中全会	规范引导民间组织有序发展；完善民间组织自律机制，加强和改进对民间组织的监管	
	2006年十六届六中全会	健全社会组织，增强服务社会功能。坚持培育发展和管理监管并重，完善培育扶持和依法管理社会组织的政策等	

① 这一部分参见俞可平，等：《中国公民社会的制度环境》，北京：北京大学出版社，2006年版；朱卫国《民间组织的法制建设》、李勇《民间组织的专项改革与制度创新》，两文载王名：《中国民间组织30年——走向公民社会》，北京：社会科学文献出版社，2008年版。

续表:

政策法规体系	举例	有关规定	主要作用
党的政策与文件	2007年党的十七大报告 2013年党的十八大报告	十七大报告第一次提出"社会组织"概念。 两次代表大会从多个方面论述社会组织:发挥社会组织在扩大群众参与、反映群众诉求方面的积极作用,增强群众自治功能;规范发展行业协会和市场中介组织;完善社会志愿服务体系;完善扶持公益性文化事业的政策;以慈善事业为补充,加快完善社会保障体系;健全党委领导、政府负责、社会协同、公众参与的社会管理格局;重视社会组织建设和管理等	引领规范作用
宪法	《宪法》35条	公民结社自由	根本大法
法律	《民法通则》50条	规定了社会团体的民事法律地位	具体规定与规范,但不系统
	《民办教育促进法》、《公益事业捐赠法》	对公益捐赠、民办教育等进行了规范	
	《教师法》、《工会法》、《红十字会法》、《律师法》、《注册会计师法》、《体育法》、《科技进步促进法》、《执业医师法》等	对各种职业团体、行业组织进行了规范	
行政法规	《社会团体登记管理条例》、《民办非企业单位登记管理暂行条例》、《基金会管理条例》	对三大类社会组织的登记程序和事项、日常监督管理、法律责任等进行了规范	具体规定与规范,相对较为系统
部门规章	数量最多,如:《民政部关于规范社会团体开展合作活动若干问题的规定》、《民政部全国性社会团体公益性捐赠税前扣除资格初审暂行办法》、《关于公益性捐赠税前扣除有关问题的通知》、《国家发展改革委、财政部、民政部关于治理规范社会团体收费的通知》、《民政部、中国科协关于推进科技类学术团体创新发展试点工作的通知》等	对社会组织的具体行为、具体事项等进行规范	非常具体的规定与规范,指向具体事务

资料来源:王名:《中国民间组织30年——走向公民社会》,北京:社会科学文献出版社,2008年版,第122-123页;俞可平,等:《中国公民社会的制度环境》,北京:北京大学出版社,2006年版,122-126页。

关于中国国家层面的社会组织管理体制，有以下几点突出特点：

一是宏观上对社会组织的定位、预期都比较高，尤其是随着加强创新社会管理进程的加快和深入，对于社会组织的重视程度越来越高，希冀在基本数量、运行能力、功能发挥和宏观环境等方面都有突破。

二是在社会组织的免税待遇、人员资格、日常运作等方面有着多方面的规定，涉及部门非常多，如国家层面就涉及民政部、发改委、财政部、国家税务总局、物价局、人力资源与社会保障部、政法委、组织部等，政策由多个部门出台、执行，政策协调成本较高，需要适当整合。

三是微观上对社会组织的限制程度相对较高，或者说，国家关于社会组织的登记管理体制构成了社会组织发展的障碍性要素，尤其是"双重管理体制"、"限制竞争体制"等。

四是国家在宏观上鼓励各地开展社会组织管理体制创新，如主动要求深圳开展社会组织管理体制方面的改革，并允许各地在变通现有管理体制的基础上改革创新社会组织管理体制，如北京、上海等。这些地方的改革创新及其启示在下文还有阐释。

五是在国家层面上对适度改革现有行政规章取得一定程度的共识，加强社会组织管理体制改革创新的步伐适度加快了。

六是从单项规定、具体项目的角度促进社会组织的发展、规范社会组织的行为。如：对社会团体开展合作活动进行了规定、对公益性捐赠税前扣除资格初审问题进行了规定等；同时，还开通公益招聘平台、设立中央财政支持社会组织参与社会服务项目、开展民办非企业单位塑造品牌与服务社会活动，等。

总的说来，近些年在国家层面对于社会组织管理体制的改革主要包括如下几方面[①]：第一，去行政化改革。包括：减少领导干部任职兼职；完善社会组织内部治理，减少政府的行政干预以及社会组织内部运作的行政化取向；减少社会组织对业务主管单位的依赖程度，提高社会组织的运行自主性。第二，社会组织税费制度改革。涵盖所得税优惠、捐赠扣除、流转税优惠、房产税、土地使用税、土地增值税、

①　参见李勇：《民间组织的专项改革与制度创新》，载王名：《中国民间组织30年——走向公民社会》，北京：社会科学文献出版社，2008年版，第122-154页。

耕地占用税、契税、印花税、车辆购置税等,并制定实施了《公益事业捐赠法》。第三,社会组织信息披露制度的创立和改革。选择基金会为对象,大力推进了信息披露制度,内容涉及公益基金的使用情况、基金会的内部管理和运行情况。第四,社会组织评估制度的实践与改革。先在基金会进行了试点,而后推向其他两类社会组织(即社会团体、民办非企业单位),目前已分别就三类社会组织的评估指标、评估方法、评估周期等制订了评估机制。第五,专项改革。比如,针对社会组织对外合作行为、社会组织收费问题、外国商会管理、中央财政支持社会组织示范项目、社会组织参与社会管理、登记手续简化等进行了专项探索与改革。

可以肯定的是,上述改革取得了积极的成效,但是不能否认改革还有待进一步推进。比如:首先,行政化改革并没有在根本上改变社会组织对体制的依赖性,因为社会组织在资金来源、参与公共服务购买、工作人员身份社会化等方面的配套制度不够,资金、身份赋予等方面还必须依赖政府;双重管理体制还未在根本上改革,依赖政府性的"娘家"现象未能从根本上得以改变,依靠行政资源、依赖公共财政、依附政府部门、依据命令手段的组织文化仍然根深蒂固,阻碍了去行政化改革的推进。其次,民间组织的税收制度存在很多缺陷,有待进一步改革完善,包括:民间组织税收体系的依据比较陈旧(1994年设置的税种),不能适应新近发展;民间组织税收体系不统一、不完善;民间组织运行不规范,使得税收优惠政策的促动作用不明显;民间组织的经营性收入方面的税收政策有待完善等。第三,信息披露制度还未在社会团体和民办非企业单位推行,信息披露的要求、内容、时限、监督等制度也有待完善。第四,评估结果的使用、评估的指标体系、评估的实施方式等有待改进。第五,如何通过统一的部门、系统的方式促进社会组织健康发展,也是当前社会组织管理体制改革方面面临的突出问题,尚未在全国层面出现促进社会组织发展的综合性政策。

(二)其他各地社会组织管理体制改革创新的探索与启示

双重管理体制是我国社会组织发展所面临的主要制度性障碍,蓝煜昕在《社会组织管理体制:地方政府的创新实践》(载《中国行政管理》

2012年第3期）、王名在《改革民间组织双重管理体制的分析和建议》（载《中国行政管理》2007年第4期）、刘培峰在《社团管理的许可与放任》（载《法学研究》2004年第4期）、谢海定在《中国民间组织的合法性困境》（载《法学研究》2004年第2期）等论文中都对此进行了详细阐释。这一观点也在实务界达成了基本共识，据我们调查有约80%的被访者明确指出双重管理体制是当前社会组织管理方面亟须解决的问题之一。

针对双重管理体制等问题，各地根据具体情况开展了多种改革创新。2008年以来，民政部在上海、广东、云南、新疆以及深圳、青岛设立了社会组织管理体制创新观察点，北京、海南等地也纷纷开展创新探索。这些探索一方面为社会组织管理体制改革营造了舆论环境，另一方面也为社会组织管理体制改革提供了经验和实践范式。[①]这里以北京、上海、深圳为例来简单介绍和概括地方政府改革创新的实践。[②]

1.北京的"新二元"改革实践

2009年，北京市政府出台了"1+4"系列文件，开始了社会组织管理体制"新二元"改革实践。该模式提出：构建枢纽型社会组织，并由枢纽型社会组织为业务主管单位和市社团管理办公室为登记管理机关的新二元登记管理模式。此模式中，枢纽型社会组织由北京市政府认定，首批确认了10家市级枢纽型社会组织。如市总工会、团市委、市妇联、市科协、市残联、市侨联、市文联、市社科联、市红十字会和市法学会，它们分别担负职工类、青少年类、妇女儿童类、科学技术类、残障服务类、涉侨类、文学艺术类、社会科学类、医疗救助类和法学类社会组织的联系、服务和管理职能。这样，实现了社会组织业务主管单位的相对"归拢"，在不违背双重管理体制的基础上减少了社会组织寻找"婆家"的难度。在此基础上，北京市通过规范组织内部制度、建立等级评价机制、建立退出机制，加强行政执法力度等措

---

① 蓝煜昕：《社会组织管理体制：地方政府的创新实践》，载《中国行政管理》2012年第3期。

② 这一部分主要参见李璐：《分类负责模式：社会组织管理体制的创新探索——以北京市"枢纽型"社会组织管理为例》，载《北京社会科学》2012年第3期；蓝煜昕：《社会组织管理体制：地方政府的创新实践》，载《中国行政管理》2012年第3期；阮萌：《深圳社会组织管理体制改革的经验和借鉴》，载《开放导报》2011年第3期；郑琦，等：《社会组织登记管理体制改革——模式比较与路径选择》，载《理论与改革》2011年第1期；战建华：《我国社会组织管理体制改革的实践分析——基于北京、上海、深圳等地社会组织体制改革的思考》，载《学会》2009年第7期；周红云：《中国社会组织管理体制改革：基于治理与善治的视角》，载《马克思主义与现实》，2010年第5期。

施规范社会组织的运作与发展。

2. 上海的"新三元"改革实践

上海"新三元"模式的特点是：在不改变原有登记管理部门和业务主管部门的双重管理体制基础上，成立另外一个专门的机构行使社会组织的管理、服务和联系职能。2002年上海市首先在行业协会领域实施改革试点，成立了"上海市行业协会发展署"，原有的登记管理部门仍然担负登记和执法检查职责；业务主管部门担负指导和监督职责；行业协会发展署担负更多的具体职责，诸如行业协会的发展规划、协调管理等。2004年开始从行业协会向其他领域推广，在行业发展署的基础上成立"上海市社会服务局"，服务局担负"两新"组织的协调、服务等职能，并将新三元模式推广至民办非企业单位和市场中介组织。

3. 深圳的"一元"改革实践

深圳"一元"的特点是：社会组织的登记管理由一个机构实施。2004年，深圳从行业协会入手实施改革，成立"行业协会服务署"行使行业协会业务主管单位的职责，此时深圳市民间组织管理办公室仍担负登记管理职责。2006年，行业协会服务署与市民间组织管理办公室合并为"市民间组织管理局"，从此，行业协会的管理实现了登记管理与业务主管"合一"。2008年，深圳市扩大了"一元"模式的范围，一方面，在深圳市出台的《关于进一步发展和规范我市社会组织的意见》中规定：工商经济类、社会福利类、公益慈善类的民办非企业单位可由民间组织管理局直接登记注册；另一方面，针对社区社会组织实行登记和备案"双轨制"。

各地改革实践取得了不容置疑的成效，但是也存在几个问题。第一，虽然在很多领域通过"归并"业务主管单位的方式降低了登记门槛，促进了社会组织的发展，但是被"归并"了的业务主管单位诸如北京的枢纽型社会组织、上海的社会服务局都需要面对更多的社会组织，这对其监督管理和服务能力提出了更高的要求。第二，现有的改革更多集中于"归并"业务主管单位，在部分领域提高了社会组织的数量，但是数量的发展仅仅是社会组织发展的一方面，社会组织的能力建设、制度建设，社会组织参与社会管理的积极性、便利性等并未通过综合性政策予以解决，相关配套政策也不完善。第三，很多社会组织并不愿意脱离原有的业务主管单位，因为这些"婆家"实力雄厚，在资金支持、政策倾斜、身份赋予等方面有明显的"好处"。也就是说，现有的改革并没有从根本上改变社会组织行政依附性的取向。第四，现有改革实践更多是在行业协会、工商经济等领域内进行，实施范围有待推广。第五，各地的改革实践具有较强的"碎片化"特点和"特区"属性，能否在全国推广值得思考；另外，还需要在全国范围内突破制度瓶颈，并形成政策示范和引领。

（三）安徽省社会组织管理体制改革实践与趋势

近些年来，安徽积极培育扶持社会组织的发展，在政策引导、分类指导的原则下，社会组织不断发展壮大，增速显著。比如，"十一五"期末全省社会组织达14 995个，比"十五"期末增长了69.36%。同时，全省社会组织的运行能力、服务功能也得到了明显提升，"十一五"期末全省社会组织拥有固定资产71.6亿元，年筹资能力可达31.3亿元，年服务支出24.7亿元，专职工作、从业人员达10.3万人。[1]出现这一发展势头固然与安徽近年来的经济发展速度关系密切，但也与安徽省社会组织管理体制创新的实践直接相关。

为培育社会组织，引导社会组织快速发展，安徽省出台了《安徽省促进行业协会发展指导意见》、《安徽省社区民间组织培育发展与管理的意见》、《关于加快推进全省行业协会社会改革发展的意见》、《关于加强异地商会建设与管理的意见》、《关于加强和创新社会组织建设与管理的意见》、《关于推进合芜蚌试验区社会组织改革发展的意见》、《关于支持皖江城市带承接产业转移示范区建设推进社会管理改革创新的意见》、《安徽省"十二五"社会组织建设发展规划》等政策文件。同时，坚持简化登记手续；实行社区社会组织登记与备案准入的"双轨制"；突出重点、分类管理，着重发展工商经济类、社会公益类和公共服务类社会组织。这些政策文件和管理举措提升了社会组织的运行能力，促进了社会组织的功能发挥；社会组织建设的质量有了明显提高；社会组织的发展空间有了明显扩大。[2]

---

① 以上数据均来自安徽省民政厅等《关于印发〈安徽省"十二五"社会组织建设发展规划〉的通知》，民管字〔2012〕156号，2012年8月9日。

② 参见安徽省民政厅等《关于印发〈安徽省"十二五"社会组织建设发展规划〉的通知》，民管字〔2012〕156号，2012年8月9日。

我们在肯定安徽近年来社会组织管理体制的改革创新取得重大突破的同时，也不能忽视其存在的一些问题：

第一，安徽社会组织管理体制改革的综合性程度不够。上述政策规定除了《安徽省"十二五"社会组织建设发展规划》、《关于加强和创新社会组织建设与管理的意见》具有一定的系统性之外，其他政策都是专项的，政策之间的协同程度不高，相互配套程度有待提升。另外，虽然这两个文件相对系统地规划了助推社会组织发展的制度举措，诸如推进社会组织能力建设工程、社会组织培育发展工程、支持型（枢纽型）社会组织建设工程、社会组织规范管理工程、社会组织环境创新工程、社会组织基层党组织建设工程等。但是，这些"工程"需要"一砖一瓦"予以搭建和支撑，即需要具体的制度和举措。显然，这些制度和举措还有待进一步细致化、具体化。

第二，安徽社会组织发展程度有待进一步提升。在数量上、能力上、环境适应性上都需要提升。以社会组织的数量为例，安徽省社会组织数量不及全国平均水平，与北京、广东、福建、浙江等发达省份相比还有较大差距。如表3所示，安徽每万人拥有社会组织数与全国、与其他省份、与发达国家相比都差距明显。

表3　全国部分省市社会组织数量统计一览表

年份	省市	社会组织数量	总人口数（万人）	社会组织/总人口数（万人）
2011年	全国	426 000	134 735	3.16（2012年约为3.24）
2012年	北京市	7 054	2 069.3	3.41
2012年	福建	18 603	3 689	5.04
2012年	广东	33 104	7 900	4.19
2012年	江苏	37 905	7 919	4.79
2012年	上海市	49 000	2 380	20.59
2013年	浙江	33 700	5 442.7	6.19
2013年	安徽	19 419	62 856	3.24

注：全球发达国家世界发达国家每万人拥有社会组织数一般超过50个。

资料来源：本表数据来源于各地的民政事业统计公报或者一些新闻报道。权威性可能不够，也可能不是十分准确，但是基本上反映了安徽社会组织发展与全国整体、发达省份相比的基本状况。另外需要强调，因种种原因，我国各地社会组织的数量信息并不全面，也不是十分准确，之所以选择上述地区，是因为上述地区的数据或者出现在了统计公报中或者有新闻报道。

第三，从查处结果看，安徽社会组织被查处的原因主要是"未如期参加年度检查"，占80.65%；其次是"参加年检不合格"，占17.74%；再次是"擅自以社会团体名义进行活动"，占1.61%。这与全国范围内的查处情况基本一致（见表4和表5）。这在一定程度上可以说明目前对于社会组织的监督管理更多停留在"年检"环节（当然，也可能是社会组织只容易出"不参加年检"的问题），而对社会组织的能力建设、功能促进、行为改造、绩效评估、信息披露等方面的监管力度不够，措施不系统。

表4　安徽省社会组织查处情况一览表（2009年至今）

被查处原因	被查处社会组织数量	所占比例
未如期参加年度检查	50	80.65%
擅自以社会团体名义进行活动	1	1.61%
参加年检不合格	11	17.74%
合计	62	100.00%

资料来源：根据"安徽社会组织信息网"有关公告整理。

表5　全国社会组织查处情况一览表（2011年至今）

被查处原因	被查处社会组织数量	所占比例
未如期接受年检被处罚	75	88.23%
套取资金	2	2.35%
未按规定设置表彰项目，开展表彰活动	2	2.35%
违规使用协会资金	1	1.18%
将社会团体经费与所属单位经费混管	1	1.18%
未经登记，以社会团体名义进行活动	1	1.18%
私设委员会并开展活动	1	1.18%
强制服务和强制收费	1	1.18%
公款旅游	1	1.18%
合计	85	100.00%

资料来源：根据"中国社会组织网"有关公告整理。

四、社会组织的现状及其对社会组织管理体制改革的需求①

社会组织的发展、运行情况是社会组织管理体制改革创新依据的重要观测点之一。这一部分主要围绕安徽省社会组织的功能合法性、运作合理性和环境适应性三方面展开分析。对于这三个方面,课题组采用了问卷调查法,随机选择了安徽省本级、合肥市、芜湖市、宣城市和黄山市的55个社会组织,并从每个社会组织的专任工作人员或领导者当中选取1人发放调查问卷。

(一)安徽省社会组织的功能合法性及其问题

社会组织的存在与发展依赖于其功能的发挥情况。如果社会组织的功能不被合理定位或者功能发挥程度不高,将影响其"合法性"。因此,社会组织管理体制改革创新的方向之一便是合理定位社会组织的功能预期,并充分发挥其功能,使其功能"外化"。

1. 社会组织发展状况的整体评价

在调查问卷中,受访者被问及"您对所在或者您参加的社会组织发展状况的整体评价"时,回答"非常好"、"好"、"一般"、"差"和"非常差"的比例分别占29.1%、50.9%、20%、0.0%和0.0%。具体如表6所示。

表6 被访者在所在社会组织发展状况的整体评价一览表

选项	非常好	好	一般	差	非常差	合计
频次	16	28	11	0	0	55
比例	29.1%	50.9%	20.0%	0	0	100.0%

① 这一部分的研究框架、撰写思路、论述逻辑参考使用了本课题组主要成员承担的"民政部2012年社会组织理论研究部级课题"——《我国学术类社会团体的现状、改革与管理研究》,该课题主持人是何畔,课题参与人有徐彬、安建增等。该课题研究报告的缩减版《我国学术类社会团体的现状、改革与管理研究》,发表在王建军:《中国社会组织理论研究论文集》,北京:中国社会出版社,2013年版,第65–85页。

由表6可以看出，80%的人选择了积极的回答，而20%的人选择中性回答，选择消极回答"差"或者"非常差"的被访者为零。这一方面表明大部分人看好社会组织的发展现状以及前景，另一方面表明社会组织的专任工作人员或领导干部对社会组织自身的功能和发展充满了信心。不过，需要注意的是，由20%的人选择了中性回答"一般"，可以看出社会组织仍然存在一些问题，在其功能合法性、运作合理性和环境适应性等方面还可能存在一些不足。

2.社会组织的预期功能与实际功能之比较

市场机制和国家机制是在全球社会经济发展过程中发挥主要作用的组织机制和制度安排。但实践表明，市场机制和国家机制都存在自身不可克服的缺陷——"市场失灵"和"政府失灵"。市场失灵表现在：信息不对称、无法提供公共物品、市场的逐利取向会导致结果不正义的现象发生等；政府失灵表现在：官僚化趋向、效率低下等。市场可以弥补一些政府失灵，政府也能够规避一定的市场失灵。但是，仍存在一些市场失灵和政府失灵并存的"双重失灵"领域。因此，具有"非政府"、"非市场"特征的社会组织应运而生。概言之，在市场和政府之外发挥独有的公共性功能，这是全社会对社会组织的功能性需求。

在调查问卷中，我们提供了4个关于社会组织功能优势和功能定位的命题，由被访者分别从应然和实然两方面进行比较。应然判断（即对社会组织的功能期待）的问法是："就社会组织本身而言，不是您所在的社会组织的实际情况，而是社会组织这一类事务自身的情况，您在多大程度上认可下述判断"；实然判断（即对社会组织的实际功能判断）的问法是："如果就您所在的社会组织而言，不是社会组织自身所具有的功能，而是现有的社会组织以及发挥功能的现实情况，您在多大程度上认可下述判断"统计结果如表7所示。

表7 被访者对社会组织功能定位判断一览表 (n=55)

序号	对社会组织的判断	选项	您的认可程度					合计
			很赞同	赞同	一般	不赞同	很不赞同	
A	与政府组织和市场机制相比而言,社会组织在很多方面具有独特的优势,正是基于这些优势,社会组织的生产和发展具有了现实必要性	功能期待	41.8%	52.7%	5.5%	0	0	100.0%
		实际功能判断	47.3%	47.3%	5.4%	0	0	100.0%
B	与政府和企业相比,社会组织具有推动社会发展、社会创新、社会管理和社会建设的功能	功能期待	32.7%	61.8%	5.5%	0	0	100.0%
		实际功能判断	38.2%	47.3%	14.5%	0	0	100.0%
C	社会组织已经建立自立、自强、自律的体制和机制,在公共决策科学化民主化和社会资本积累方面发挥巨大作用	功能期待	30.9%	47.3%	20.0%	1.8%	0	100.0%
		实际功能判断	29.1%	45.5%	23.6%	1.8%	0	100.0%
D	社会组织的组织结构具有柔性化优势,便于根据不同地区、不同领域的条件变化及时做出调整,具有很强的适应性	功能期待	30.9%	54.5%	10.9%	3.7%	0	100.0%
		实际功能判断	30.9%	50.9%	18.2%	0	0	100.0%

调查结果显示,被访者对社会组织的功能期待还是非常高的。除了C功能命题外,被访者对A、B和D命题"很赞同+赞同"的选择率都超过80%,C命题"很赞同+赞同"的比例也接近80%。其中,A命题与B命题选择"很赞同+赞同"的比例最高,都达到了94.5%;接下来是D命题,最后是C命题,选择"很赞同+赞同"的比例分别是85.4%和78.2%。调查中仅仅出现小比例的被调查者选择"不赞同"或"很不赞同"等消极的选择,C命题、D命题选择"不赞同"的比例依次是1.8%和3.6%,没有出现"很不赞同"的消极选择。四种命题的中性选择即"一般"选项占有一定的比例,从高至低依次是C、D、A、B(其中A命题与B命题持平),比例分别为20%、10.9%、5.4%和5.5%。积极选择的高比例说明了被访者对社会组织具有的组织优势、功能定位和性质定位持有明确态度。同时,这样的组织优势、功能定位和性

质定位也符合学界专家学者对社会组织的各种理性定位。

社会组织的"实际功能判断"选择结果与"功能期待"选择结果相差不大。A命题选择"很赞同+赞同"的比例最高为94.6%，B命题次之，为85.5%，接下来依次是D命题、C命题，选择"很赞同+赞同"的比例分为为81.8%和74.6%。排序大致相同，仅仅是选择比例有些差别，即赞同的程度相对降低了。对"C命题"的赞同程度相对较低，选"很赞同+赞同"的占有74.6%，而选"一般"、"不赞同"和"很不赞同"的比例分别占23.6%、1.8%和0%。将"实际功能判断"和"功能期待"相比较可以发现，他们的赞同程度排序大致相同。相比"功能期待"的"很赞同"、"赞同"的比例，"实际功能判断"稍稍落后。A命题的"功能期待"和"实际功能判断"选择"很赞同"、"赞同"的比例是基本持平的；B命题的"功能期待"和"实际功能判断"选择"很赞同"、"赞同"的比率差距最大；"实际功能判断"比"功能期待"少近9%；C命题中选择"很赞同"、"赞同"的"实际功能判断"比"功能期待"少3.6%，差距相差不大；D命题次之，"实际功能判断"比"功能期待"少3.7%。因此，这一调查结果显示社会组织在组织优势、功能定位和性质定位等方面都有着相对不错的表现。

但是，仍有三点需要重视：一是B命题的"功能期待""实际功能判断"选择"赞同"、"很赞同"的比例差距最大，这说明了社会组织在推动社会发展、社会创新、社会管理和社会建设方面的功能，理想与现实之间的差距过大；二是C命题的赞同程度相对较低，反映出社会组织在内部机制、组织效率和运行体制等方面仍不容乐观；三是在C、D两个命题中，涉及实际功能判断方面，选择"一般"的比例明显增加。这些说明我国社会组织的实际功能合法性仍然面临着不小的挑战，社会组织的运作合理性、环境适应性等方面亟需改善。

3.成立社会组织的基本目的

在问及"您认为您所在或者您参加的社会组织发起成立的目的是？"时，被访者回答"为组织成员提供服务，维护会员的正当权益"、"促进科学技术（或社会科学）的推广与利用"、"募集公共资源，提供公共服务，参与社会救助"、"为政府建言献策，影响政府政策制定与实施"、"承担公共服务购买项目，与政府共同、合作提供公共服务"等的选项依次是76.4%、65.5%、43.6%、40%和32.7%。"为组织成员提供服务，维护会员的正当权益"这一项的选择最多。这一方面说明了社会组织在为组织成员提供服务，维护会员的正当权益方面成效显著，赢得了组织内部成员的拥护和支持；另一方面也说明了我国的社会组织主要是以为社会提供服务为主要任务，其民间性与服务性的定位十分明显，可以有效解决市场和政府的"双重失灵"问题。"承担公共服务购买项目，与政府共同、合作提供公共服务"在这五项成立目的的命题中选择率最少，为32.7%，这说明被访者对社会组织在承担公共服务购买项目，与政府共同、合作提供公共服务这一方面的理解还并不充分；也说明服务购买机制不完善，社会组织参与服务购买的实践较少，甚至导致社会组织内部成员对该命题有"陌生"的感觉。具体比例如表8所示。

表8　被访者对社会组织发起成立目的之判断一览表（可多选；n=55）

选项	频次	比例	排序
A.为组织成员提供服务，维护会员的正当权益	42	76.4%	1
B.促进科学技术（或社会科学）的推广与利用	36	65.5%	2
C.募集公共资源，提供公共服务，参与社会救助	24	43.6%	3
D.为政府建言献策，影响政府政策制定与实施	22	40%	4
E.承担公共服务购买项目，与政府共同、合作提供公共服务	18	32.7%	5
G.其他目的	0	0	0

表9显示了被访者对社会组织具体功能的评价情况，总的来看，被访者对社会组织的具体功能评价较高。表现在两个方面：一是除E命题功能评价的"很强"、"较强"、"尚可"的比例小于90%外，剩下的命题功能评价为"很强"、"较强"、"尚可"的比例均大于90%；按照"很强+较强+尚可"评价比例大小排序为A、I、H、J、B、F、C、D和E，分别是98.2%、98.2%、96.4%、96.4%、96.4%、94.5%、92.7%、92.7%和83.6%。二是我国社会组织的自身建设评价较好。如"A.自我管理、自我整合和自我服务的总体功能"，"D.所在社会组织的资源整合和动员能力"，"E.所在社会组织的总体营利和筹资能力"，"F.所在社会组织获取成员支持的能力"，"G.所在社会组织执行能力"，"H.所在社会组织的创新发展能力"，"I.所在社会组织的制度建设和制度创新能力"等选项的评价较高。

当然，表9也同样显示社会组织的发展仍然存在一些问题，部分社会组织的总体营利和筹资能力较差，使得社团的功能发挥受到影响或者是发展前景堪忧。B、D和E命题都有一定的比例选择了"弱"，"尚可"选项也占有一定的比例。"B.对社会创新的引导功能和能力"、"D.社会组织的资源整合和动员能力"、"E.社会组织的总体营利和筹资能力"的评价"很弱"的比例分别为1.8%、1.8%和5.5%。这说明社会组织的功能发挥仍有很大空间。

表9　社会组织具体功能评价一览表

具体情况	评价					
	选项	很强	较强	尚可	弱	很弱	合计
A.自我管理、自我整合和自我服务的总体功能	频次	13	32	9	1	0	55
	比例	23.6%	58.2%	16.4%	1.8%	0	100.0%
B.对社会创新的引导功能和能力	频次	9	26	17	2	1	55
	比例	16.4%	47.3%	30.9%	3.6%	1.8%	100.0%
C.对社会管理，社会建设和社会服务的支持功能和能力	频次	9	25	17	4	0	55
	比例	16.4%	45.5%	30.9%	7.3%	0	100.0%
D.所在社会组织的资源整合和动员能力（包括，政府资源、市场资源、其他社会组织资源、国际资源、志愿者资源等）	频次	11	21	19	3	1	55
	比例	20%	38.3%	34.5%	5.5%	1.8%	100.0%
E.所在社会组织的总体营利和筹资能力（即通过市场化运作和核准的商业行为获得发展资源的能力）	频次	7	18	21	6	3	55
	比例	12.7%	32.7%	38.2%	10.9%	5.5%	100.0%
F.所在社会组织获取成员支持的能力（包括，成员的参与程度、成员对社会组织的认可程度、归属程度，以及社会组织成员对社会组织的支持能力等）	频次	16	24	12	3	0	55
	比例	29.1%	43.6%	21.8%	5.5%	0	100.0%
G.所在社会组织执行能力（包括，项目执行和管理能力；改变运行方式，提高服务质量；调整运行方向、服务领域、服务内容；运行效率等）	频次	15	33	5	2	0	55
	比例	27.3%	60%	9.1%	3.6%	0	100.0%
H.所在社会组织的创新发展能力（包括，对本社会组织的定位和发展思路清晰度；迎接新挑战的观念、知识、方法和能力；对国内外同类社会组织最新发展的了解程度和能力等）	频次	9	29	16	1	0	55
	比例	16.4%	52.7%	29.1%	1.8%	0	100.0%
I.所在社会组织的制度建设和制度创新能力（包括，制度改革的及时性，制度创新的系统性；制度改革对成员需求、环境变化的回应性）	频次	8	28	17	2	0	55
	比例	14.5%	50.9%	30.9%	3.6%	0	100.0%

（二）安徽省社会组织的运作合理性及其问题

如果没有良好的内部运作能力，社会组织的预期功能是无法实现的。因此，课题组对安徽社会组织的运作合理性进行了调研。

1. 安徽省社会组织活动情况

调研统计数据显示，安徽省的社会组织绝大多数能够按照有关规定开展相应的活动。在被访问的诸社会组织中，一半以上社会组织的负责人或成员基本都认为自己所在的社会组织能够较频繁地举办组织活动，约占被访社会组织的50.9%。在课题组随机调研的社会组织中，也未出现由于组织自身能力限制或某些外部原因以至于组织无法完成活动或基本没有组织活动的情况（如下表10所示）。

表10　被访安徽省社会组织活动频繁程度一览表（n=55）

选项	很频繁	较频繁	一般	基本没有	从没有	不清楚	合计
频次	11	28	16	0	0	0	55
比例	20%	50.9%	29.1%	0	0	0	100.00%

表11　被访安徽省社会组织的活动领域和活动方式一览表（可多选；n=55）

序号	活动方式	频次	比例	排序
A	学术活动，诸如学术理论研讨、学术交流、举办学术论坛、讲座及沙龙，学术成果评奖等	31	56.4%	2
B	有关本领域的咨询服务	29	52.7%	3
C	科普宣传、出版刊物	23	41.8%	5
D	商业性活动（或准商业性活动）、设置经营实体	6	10.9%	8
E	政策建议和提案	18	32.7%	6
F	通过义演、义卖、公益募捐等活动募集公益资金、物资，提供公益服务；或在突发灾难时参与社会救助	24	43.6%	4
G	参与公共服务购买，提供有关公共物品	10	18.2%	7
H	与政府合作，参与社会管理、社会创新，提供公共服务	34	61.8%	1
I	其他	0	0	9

注：A–I选项是随机排序的。

此外，如上表11的数据显示，安徽省社会组织的活动领域和活动方式总体上是丰富多样的，而且在各个领域基本都有涉及，社会组织通过这些活动方式阐释了其存在的必要性。但是从被访社会组织在每一项活动方式的比例来看，更多的社会组织活动方式集中在"与政府合作，参与社会管理、社会创新，提供公共服务"、"学术活动，诸如学术理论研讨、学术交流，举办学术论坛、讲座及沙龙，学术成果评奖等"、"有关本领域的咨询服务"和"通过义演、义卖、公益募捐等活动募集公益资金、物资，提供公益服务；或在突发灾难时参与社会救助"上，所占比例分别是61.8%、56.4%、52.7%和43.6%。这些活动可以归类为"被动活动"。相应的，在"商业性活动（或准商业性活动）、设置经营实体"、"参与公共服务购买，提供有关公共物品"、"政策建议和提案"等方面的活动比较少，所占比例分别为10.9%、18.2%、32.7%等，这些活动主要来源于组织主动作为，而不是被动接受和回应。这说明社会组织的自主运行能力相对较差，也表明公共服务购买机制、公共政策参与机制并不完善，亟待加强。

2. **安徽省社会组织的制度化程度**

组织最大的成功就是"存在"，组织存在的基础是组织能否高效和充分地发挥其应有的功能，这些又都与组织内部的结构合理性与运作的制度化程度密切相连。在被访安徽省社会组织的制度化机制建设情况一览表中（如表12所示），可以很明显地发现，在"内部议事制度"、"财务管理制度"和"自律机制"这三个方面的制度化程度相对较高，分别占78.2%、76.4%和63.6%，而其他制度化建设并不理想，如社会组织的自我评估机制建设的比例仅占40%。这在很大程度上表明安徽省社会组织的制度化程度存在较大的提升和改进空间。

表12　被访安徽省社会组织的制度化机制建设情况一览表（多选；n=55）

选项	频次	比例	排序
A.自律机制	35	63.6%	3
B.内部议事制度	43	78.2%	1
C.财务管理制度	42	76.4%	2
D.人员录用和考核惩罚机制	25	45.5%	5
E.自我评估机制	22	40%	6
F.监督机制	30	54.5%	4
G.其他	0	0	7

注：A-G选项是随机排序的。

3.安徽省社会组织运作自主性

社会组织运作的自主性程度是衡量能否高效地完成其预期功能的重要指标,同时也是衡量其运作合理性的重要指标。为此,课题组主要从以下四个具体指标来研究被访社会组织的运作自主性:第一,社会组织的组织形态与其独立程度,主要根据是否独立实体、办公设施条件等判断;第二,社会组织的财务状况与其独立性,主要根据财务制度、是否独立核算、资金来源是否多元化等判断;第三,社会组织的人员条件与其独立性,主要根据人员来源情况、专兼职情况、自主倾向、专业素质、管理制度等判断;第四,社会组织的组织运行与其独立性,包括根据项目来源、上级安排的还是自主安排的、惯例还是临时促动、工作规划与总结的独立性、运行方式的独立性等判断。

如表13所显示,虽然被访的社会组织关于运作自主性指标选择"很强"、"较强"的比例较高,但也不乏选择"尚可"、"弱"和"很弱"等选项。可见,安徽省存在着相当比例的自主性较高的优秀社会组织。组织内部有着明确的制度机制,结构分工合理,可以按照相关规范完成组织活动,实现组织价值,具有很强的独立性和自主性。但社会组织的自主性受到很大程度的威胁,几个自主性测度的具体指标中,社会组织的人员条件的独立性相对完善,但选择"尚可"的比例仍占很大比重,这恐怕是因为:第一,社会组织的官方背景使得组织的运行动力和目标指向受到官方影响,使社会组织内部的组织形态、财务状况、组织运行等独立性指标发生歧变,从而影响到组织整体的运作自主性和运作合理性;第二,社会组织的市场运行能力不强,促使社会组织市场运行的服务购买机制、税收机制、行为准许机制等不完善,导致社会组织自觉不自觉地向体制内靠拢,依赖于体制;第三,每个具体的社会组织的负责人及成员的主观能动性在很大程度上影响着组织的运作自主性,他们能够发挥主观能动性"经营"自己所在的组织,并且不断创新、获取更多的社会资源以扩大组织的外在影响力,那么他们的运作自主性就会比较强,反之,运作自主性就会相应较弱。

表13　被访安徽省社会组织独立性评价

自主性测度的具体指标	评价					
	选项	很强	较强	尚可	弱	很弱	合计
A.社会组织的组织形态	频次	8	30	12	5	0	55
	比例	14.5%	54.5%	21.8%	9.2%	0	100.00%
B.社会组织的财务状况	频次	16	21	10	6	2	55
	比例	29.1%	38.2%	18.2%	10.9%	3.6%	100.00%
C.社会组织的人员条件	频次	16	25	14	0	0	55
	比例	29.1%	45.5%	25.4%	0	0	100.00%
D.社会组织的组织运行	频次	19	21	14	1	0	55
	比例	34.5%	38.2%	25.5%	1.8%	0	100.00%

　　由于资金的自主性在很大程度上对社会组织的独立性和自主性程度起决定性作用，因此资金是否能做到独立获得和使用，成为社会组织的自主性的主要权衡标准之一。如表14显示，选项"A.财政拨款和政府补贴"和选项"G.政府项目经费"两项之和所占总比例最高达72.6%，选项"C.企业或个人赞助或捐赠"也占很大的比重，其次才是选项"E.会员费"，其余选项所占比例较少。由此可见，被访问的社会组织的大部分资金来源于政府的财政拨款和政府补贴及政府项目经费，这在很大程度上将会影响到社会组织的自主性，相对单一的财物资金来源是制约我省社会组织运作自主性的重要因素。当前安徽省社会组织的资金来源主要是财政拨款和政府补贴，而这在某种程度上会导致社会组织自身的话语权、自主权较弱，直接影响着社会组织的运作自主性。由于社会组织量的资金在很大程度上来源于政府，所以社会组织在运行时不得不考虑政府，或者政府部门会直接干预该社会组织的决策或活动。在这种情况下，社会组织只能围绕"政府"转，"看政府的眼色行事"，不得不在项目选择、活动领域等方面迎合政府。否则，自己的运行可能就无法维持，甚至组织自身的存续都会遇到困难。[1]

---

[1]　参见王绍光：《多元与统一——第三部门国际比较研究》，杭州：浙江人民出版社，第53页；[美]莱斯特·M.萨拉蒙：《全球公民社会——非营利部门视界》，贾西津等译，北京：社会科学文献出版社，2002年，第31页。

表14　被访安徽省社会组织资金来源统计（按重要程度排序，限选3项）

资金来源	合计		第一选择		第二选择		第三选择	
选项	总频次	总比例	频次	比例	频次	比例	频次	比例
A.财政拨款和政府补贴	24	50.9%	20	36.5%	4	7.2%	4	7.2%
B.相关发展基金会扶持	7	12.7%	1	1.8%	5	9.1%	1	1.8%
C.企业或个人赞助或捐赠	36	65.5%	8	14.5%	20	36.4%	8	14.5%
D.核准业务范围内营利收入	11	19.9%	4	7.2%	3	5.5%	4	7.2%
E.会员费	27	49.1%	17	30.9%	5	9.1%	5	9.1%
F.内部募捐	10	18.2%	0	0	0	0	10	18.2%
G.政府项目经费	12	21.7%	2	3.6%	6	10.9%	4	7.2%
H.境外资助	1	1.8%	1	1.8%	0	0	0	0
I.利息收入	6	10.8%	0	0	2	3.6%	4	7.2%
J.其他	3	5.4%	2	3.6%	1	1.8%	0	0

注：A—J选项是随机排序的。

上述这种资金供给方式在很大程度上影响了社会组织运作的自主性。资金来源渠道的"非多样化"以及对政府的依赖程度很深都将影响社会组织的合理运作，这也直接致使社会组织的运行特性具有有限的自主性和依附性双重特性。被访的社会组织在回答该组织在发展过程中存在的突出问题一题时，也可以直接或者间接地反映这一问题（详见表15）。

首先，被访者虽然较少地选择"F.政府的行政干扰过多，影响了社会组织的自主运作和功能的有效发挥"（仅占12.7%），但是却较多地选择了"A.运作资金短缺，无法支撑应有的服务活动"（占40%）、"I.相关优惠政策支持不够"（占36.4%），这些现象间接地说明了社会组织在发展过程中很难获取和配置所需资源，转而需要依靠政府提供运作资金和优惠政策来支撑应有的服务活动，这种运作的依附性不言而喻。

其次，选择"D.缺乏支持社会组织运作发展的专项基金项目（如国家社科基金设立了针对期刊的项目）"、"B.办公、活动场地缺乏"和"L.社会信任不够，整体而言，中国社会组织的社会公信力有待提高"等选项的也占有很大比重，分别为32.7%、32.7%和29.1%，这些数据都能直接地反映被访的社会组织需要依赖一个"强支持力"的政府以保证自身合理地运作。

再次，被访者选择"C.缺乏专职的工作人员"选项也占有很大比重（占27.8%），社会组织需要专业的工作人员来推动本组织的发展与运行，而不是由兼职或者具有政府背景的官方人员担任，为社会组织配备专职的工作人员有助于组织开拓创新、良性发展，更有助于组织实现运作自主性和运作合理性。被访的社会组织有着这种意愿，说明社会组织也在探索解决在发展过程中存在的问题的方法。

最后，通过表15可以明显发现，在被访的安徽省社会组织中，选择选项"J.组织内部管理存在问题，影响了社会组织应有功能的发挥"、"K.所在社会组织的知名度不高"、"H.相关国家法律法规不健全"和"G.开展的活动得不到社会回应，会员对社会组织的归属感、认同感不强"所占的比例并不高，均在百分之十以下。这也印证着社会组织的内部运行阻力相对较小、组织本身并不是其发展的最大问题、组织对外界的法律制度并不十分关注、公民参与度也在逐渐提升。这说明社会组织在运作时一方面依附于政府，一方面也在寻求自主发展，社会组织需要自主做出决策，自主安排组织活动来满足社会大众的需求，这样才能有助于实现社会组织的功能预期。

表15　被访安徽省社会组织在发展过程中存在的突出问题一览表（可多选；n=55）

选项	频次	比例	排序
A.运作资金短缺，无法支撑应有的服务活动	22	40%	1
B.办公、活动场地缺乏	18	32.7%	3
C.缺乏专职的工作人员	15	27.8%	5
D.缺乏支持社会组织运作发展的专项基金项目	18	32.7%	3
E.在社会组织当中，缺乏信息交流与培训的机会	7	12.7%	6
F.政府的行政干扰过多，影响了社会组织的自主运作和功能的有效发挥	7	12.7%	6
G.开展的活动得不到社会回应，会员对社会组织的归属感、认同感不强	5	9.1%	7
H.相关国家法律法规不健全	5	9.1%	7
I.相关优惠政策支持不够	20	36.4%	2
J.组织内部管理存在问题，影响了社会组织应有功能的发挥	0	0.0%	9
K.所在社会组织的知名度不高	4	7.3%	8
L.社会信任不够，整体而言，中国社会组织的社会公信力有待提高	16	29.1%	4
M.与政府、其他组织（如企业、其他社会团体）缺乏协作	7	12.7%	6
N.其他	0	0.0%	9
O.不存在任何问题	4	7.3%	8

注：A—O选项是随机排序的。

4. 安徽省社会组织的可持续发展能力

课题组认为,社会组织应该具有可持续发展的能力,也就是一种能够协调好当今和未来发展关系的能力,是适应时代的发展而继续保持组织活力、适应环境变化的能力。

本课题拟定了八个具体的指标来衡量社会组织的可持续发展能力。一是社会组织的制度建设和执行能力、社会组织的制度完善程度。具体内容主要包括:战略管理机制、内部治理机制、组织模式、市场运营机制、人力资源管理机制、会员互动与管理机制等方面。二是社会组织的资源整合与动员能力。具体内容主要包括:政府资源、市场资源、其他社会组织资源、国际资源、志愿者资源等。三是社会组织的总体营利和筹资能力。主要内容即通过市场化运作和核准的商业行为获得发展资源的能力。四是社会组织获取成员支持的能力。主要包括:成员的参与程度、成员对社会组织的认同程度、归属程度,以及社会组织成员对社会组织的支持能力等。五是所在社会组织的定位和发展思路清晰度。六是社会组织的制度建设和制度创新能力。主要包括:制度改革的及时性、制度创新的系统性与制度改革对成员的需求、环境变化的回应性等。七是社会组织执行能力。主要包括:项目执行与管理能力;改变运行方式,提高服务质量;调整运行方向、服务领域、服务内容;运行效率等。八是社会组织的创新发展能力。主要包括:对本社会组织的定位和发展思路清晰度;迎接新挑战的观念、知识、方法和能力;对国内外同类社会组织最新发展的了解程度和能力等。

表16 被访安徽省社会组织可持续发展能力评价

社会组织可持续发展能力评价指标	评价						指数
	选项	很强	较强	尚可	弱	很弱	
A.所在社会组织的制度建设和执行能力、所在社会组织的制度完成程度	频次	10	29	14	2	0	3.855
	比例	18.2%	52.7%	25.5%	3.6%	0.0%	
B.所在社会组织的资源整合与动员能力	频次	11	21	19	3	1	3.691
	比例	20%	38.2%	34.5%	5.5%	1.8%	
C.所在社会组织的总体营利和筹资能力	频次	7	18	21	6	3	3.362
	比例	12.7%	32.7%	38.2%	10.9%	5.5%	

续表：

社会组织可持续发展能力评价指标	评价					
	选项	很强	较强	尚可	弱	很弱	指数
D.所在社会组织获取成员支持的能力	频次	16	24	12	3	0	3.963
	比例	29.1%	43.6%	21.8%	5.5%	0.0%	
E.所在社会组织的定位和发展思路清晰度	频次	17	25	10	3	0	4.021
	比例	30.9%	45.5%	18.2%	5.5%	0.0%	
F.所在社会组织的制度建设和制度创新能力	频次	8	28	17	2	0	3.760
	比例	14.5%	50.9%	30.9%	3.6%	0.0%	
G.所在社会组织执行能力	频次	15	33	5	2	0	4.110
	比例	27.3%	60%	9.1%	3.6%	0.0%	
H.所在社会组织的创新发展能力	频次	9	29	16	1	0	3.837
	比例	16.4%	52.7%	29.1%	1.8%	0.0%	

注：可持续发展能力指数计算方法：将"很强"到"很弱"依次赋值5、4、3、2、1；"很强"到"很弱"的比例依次为P1、P2、P3、P4、P5；指数=5×P1+4×P2+2×P3+4×P4+1×P5。

经过数据分析可以得知，被访社会组织可持续发展能力大体上比较乐观（如表16所示），我们按照可持续发展能力指数计算方法：将"很强"到"很弱"依次赋值5、4、3、2、1；"很强"到"很弱"的比例依次为P1、P2、P3、P4、P5；指数=5×P1+4×P2+2×P3+4×P4+1×P5，计算得出的结果除"C.所在社会组织的总体营利和筹资能力"的指数是3.362外，其余的七项指标指数均高于3.5。被访安徽省社会组织在总体营利和筹资能力上相对较弱的原因有以下几个方面：第一，被访的社会组织大多都是服务于社会大众，具有非营利性，尽管有时可以些许经营，但所募集的资金主要用于项目运作或服务行动本身，因此社会组织的总体营利和筹集资金的能力相对较弱。第二，社会组织由于自身的特性，本身就缺乏对市场的吸引力，更难以通过市场化运作来筹集资金。第三，社会组织基本没有先天的核准的商业行为经验，更谈不上具有很强的通过这种商业行为获得发展资源的能力。第四，被访社会组织一般缺少专职的工作人员，一般没有精力去通过市场化运作和商业化途径提高总体营利能力，而是转向本组织内部已经约定俗成的"规则"，从而影响到社会组织的总体营利和筹资能力。第五,社会组织的成员一般和组织关系不密切,一个社会组织对于该组织成员来说并非至关重要,因此社会组织的活动模式也受到相应的制约,一般社会组织会首要考虑到完成体制内的预期功能,而商业化经营则被滞后或者忽略了。第六,目前在政府购买服务机制建设方面还相对滞后,影响了社会组织通过竞争服务购买的方式来获取运营资金。而美国、新西兰、英国、澳大利亚等国的社会组织更多是通过政府购买服务机制运营和发展的。第七,由于社会组织在近年来的公信力受到一些负面要素的影响(如郭美美事件),使得志愿者资源的募集受阻,募集能力的要求更高了,这在另一方面削弱了社会组织的筹资能力。

通过对表16的"指数"数据取平均值可以计算出被访社会组织的可持续发展总体指数为3.825。按照同样的方法,我们也能够依据表9中的数据计算得出被访社会组织的功能发挥总体指数是3.803,依据表13中的数据计算得出被访社会组织的自主性总体指数是3.905。然后再将表9、表13、表16三张表的数据统一计算,可以得到最终的总体指数是3.844(如表17所示)。这些数据显示了安徽省社会组织近些年取得了值得肯定的发展和进步,但是,对比三个总体指数,我们发现三者之间没有太大的差距,三者之间的关系较为密切(如表17所示),这些数据也表明了安徽省社会组织的功能发挥程度、自主性程度、可持续发展能力密切相连,因此必须要协调好三者之间的关系,采取有效的方法和措施提升这三种指数,进而提高社会组织的运作合理性水平。

表17   三种指标总体指数比较一览表

数据来源	指标内容	指数
表9	能力发挥程度	3.803
表13	自主性	3.905
表16	可持续发展能力	3.825
表9、表13、表16	总体指数	3.844

注:指数的计算方法见表16"注",总体指数是三者的平均值。

(三)安徽省社会组织的环境适应性及其问题

环境主要通过资源赋予、功能预期、合法性等方式影响组织的发展，一个组织若想取得发展，需要透过环境获取各种资源，包括政治资源、经济资源、文化资源、信息资源、人力资源等，当资源缺乏时，发展必然会遇到困难，反言之，当一个组织获取资源的能力强，它对于环境的适应能力必然会增强。

社会组织的环境主要包括内部环境和外部环境，内部环境有组织结构、人员分工、制度安排等，外部环境包括政治环境、经济环境、文化环境、生态环境等。本次的调查研究主要分析的是社会组织针对外部环境变化，自身所做出的一些关联性反应从而适应社会的要求，谋求更好的发展。

1. 社会组织环境适应性的综合评估

在调查问卷中，课题组设置了六个指标：相互模仿和学习、因政治和制度环境导致的趋同化现象、迎合社会功能、巴纳德式的变革、影响政治领域、将形式与内容分开，并在每一个指标后面都有详细的阐述（详见表18）。

表18 社会组织的环境适应性

您所在社会组织或者您印象中的社会组织有无下述情形	选项		
	有比例	没有比例	不清楚比例
A. "相互模仿和学习"，即为了减轻环境给社会组织带来的不确定性影响，各组织间会相互观察和学习，这会导致趋同化现象，包括组织结构趋同、同类组织的行为方式趋同、同类组织的目标和活动领域趋同等。（主要面向组织间关系——社会组织与社会组织之间的关系）	61.8%	20.0%	18.2%
B. "因政治和制度环境导致的趋同化现象"，即为了得到制度环境的认可，每个社会组织都采取类似的结构和做法，也包括组织结构趋同、同类组织的行为方式趋同、同类组织的目标和活动领域趋同等方面。（主要面向政治和制度环境的影响——社会组织对政治、制度环境的回应）	43.6%	32.7%	23.7%
C. "迎合社会功能"，即在制定组织目标，开展组织变革，实施组织决策时都以组织的应有功能为最高评判标准，视社会功能的实现和社会公共需求的满足为最高价值取向。手段包括设置新机构、增强组织的缓冲特性、提高组织的有机特征等。（主要面向社会组织的结构及其复杂性）	65.5%	18.2%	16.3%
D. "巴纳德式的变革"，即将组织视为"目标—信息沟通—成员协作意愿"的有机系统，通过信息沟通的改善、组织结构的变革促使成员协作意愿和协作效果的提升。（主要面向社会组织与成员之间的关系）	47.3%	29.1%	23.6%

续表:

您所在社会组织或者您印象中的社会组织有无下述情形	选项		
	有比例	没有比例	不清楚比例
E. "影响政治领域",即通过影响政府立法,改变现存规章条例等方法,或者给对手设置障碍,或者消除对自身不利的规章条例,或者确定适于自己发展的规定。通过影响政府获得活动空间、与政府建立战略性协作关系等(主要面向社会组织对政府的影响、与政府的互动)	29.1%	40.0%	30.9%
F. "将形式与内容分开",即当取得合法的资源与取得效率的资源之间发生冲突时,组织很可能会采取"上有政策,下有对策"的方式。既包括非法的组织行为,也包括组织在法律盲区、灰色地带的合理避害行为。(主要面向社会组织本身的行为)	27.3%	54.5%	18.2%

通过结果统计表18可以发现:

首先,选择"相互模仿和学习"及"迎合社会功能"所占的比例很大,分别高达61.8%和65.5%,从中可以获得以下结论:一是为了减轻环境给社会组织带来的不确定性影响,各组织间会相互观察和学习,在组织结构、同类组织的行为方式、同类组织的目标和活动领域等方面趋同化现象严重。在人们心中,创新或另辟蹊径往往风险较大,为了追求平稳,走别人走过或正在走的路通常稳定性更强,这与中国人的心理相符,也是社会组织发展过程中表现出的一种"文化"。二是社会组织的存在依赖于社会的需求,这种需求和组织成员、社会大众的心理和生理需求密切相关,因此在制定组织目标、开展组织变革、实施组织决策时需要视社会功能的实现和社会公共需求的满足为最高价值取向,从而实现其存在的价值。从表18中,也可以看出社会组织内部很重视"巴纳德式的变革",迎合组织成员的需求,通过信息沟通的改善、组织结构的变革促使成员协作意愿和协作效果的提升,最终实现所有社会成员的共同利益。三是各种不同种类的社会组织相互学习模仿,必然加强了彼此之间的沟通交流,也有利于取长补短,发挥组织的优势。

其次,如表18所示,"因政治和制度环境导致的趋同化现象"所占的比例达到43.6%,其目的是为了得到政治制度环境的认可,在与大的政治制度环境背景冲突的情况下,社会组织很难成长。通常情况下,为了谋求长远的发展和组织的合法性,社会组织会试图将自己的业务等与政治挂上钩,通过获取政治优势,为自己能够获取更多的利益提供保障，或者最起码与政治环境相一致，以谋求合法性。这从另一方面表明社会组织的发展深受体制内力量和体制内资源的影响，自主性程度相对较低。然而，在"影响政治领域"这一选项中，选择"没有"的占了40.0%，这说明社会组织在政治和公共领域方面的参与能力相对较弱、态度也不十分积极。

最后，从表18数据上还可以看出，虽然当今社会组织发展遇到了一些困难，但是它们大多数还是坚守在法律的范围之内，"将形式与内容分开"这一选项，选择"有"的比例为27.3%，即当取得合法的资源与取得效率的资源之间发生冲突时，组织采取"上有政策，下有对策"的方式来应对的比例较低。因此，可大致推出以下结论：一是中国在社会组织管理体制、法制建设方面取得一定成效，社会组织有较强的守法取向；二是社会组织主动按照体制内要求运行的态度明确、取向明显。

2.社会组织对外在环境的依赖程度

影响社会组织的外在环境因素多种多样，课题组分别从政治法律因素、市场因素和其他社会组织因素三个方面来探究社会组织的环境依赖程度。

首先，调查结果（见表19）显示，社会组织的运作和发展对政府的依赖程度较高，选择"非常依赖"和"比较依赖"的被访者占有比例达43.7%，几乎没有选择"完全不依赖"的。同时，在当问到"社会组织迫切需要政府提供哪些支持"时，如表20所示：第一选择和第二选择中，选择"提供财政支持和项目经费，使社会组织更好地提供服务"、"提供办公场所、办公设施以及日常运行费用"、"提供相关政策空间、法律空间，使社会组织更加自主、独立地运行"所占的比例较大，尤其是"提供财政支持和项目经费，使社会组织更好地提供服务"在第一选择中占到了34.5%，第二选择中占到了25.5%。而选择"提供社保、人事档案保管等支持"、"落实税收减免优惠政策，使社会组织获得更充足的社会慈善资源"、"建立相应的体制和机制，使市民和企业能够获得有关活动的信息"、"向市民及企业进行宣传和普及活动，促进社会对社会组织的理解和参与"等所占的比例较小。从中可以看出：第一，社会组织的经济独立性较弱；第二，政府对于社会组织的干预能力强，不仅仅局限在经济层面上，还有法律政策等层面，这导致一部分社会组织即使自身拥有一定的经济基础但也很难取得长足的发展，因此期望可以提供相关的政策法律空间、需要政府对社会组织提供更多的支持与帮助，如向市民及企业进行宣传和普及活动，促进社会对社会组织的理解和参与等。

表19　被调查安徽社会组织的运作和发展对政府的依赖程度和对市场的依赖比较

选项	非常依赖	比较依赖	一般	不依赖	完全不依赖	合计
对政府的依赖程度	5.5%	38.2%	47.3%	9.0%	0	100.00%
对市场的依赖程度	7.3%	29.1%	34.5%	27.3%	1.8%	100.00%

表20　社会组织迫切需要政府提供的支持（按重要程度排序选3项，n=55）

资金来源	合计	第一选择	第二选择	第三选择
选项	总比例	比例	比例	比例
A.提供办公场所、办公设施以及日常运行费用	47.3%	25.5%	12.7%	9.1%
B.提供财政支持和项目经费，使社会组织更好地提供服务	65.5%	34.5%	25.5%	5.5%
C.提供相关政策空间、法律空间，使社会组织更加自主、独立地运行	47.3%	25.5%	12.7%	9.1%
D.提供社保、人事档案保管等支持	11%	0	5.5%	5.5%
E.落实税收减免优惠政策，使社会组织获得更充足的社会慈善资源	16.4%	0	5.4%	10.9%
F.开展提高组织能力的培训，加强专业人才引进和培养	32.7%	5.5%	12.7%	14.5%
G.减少行政干预，拓宽社会组织融资渠道	23.6%	3.6%	9.1%	10.9%
H.建立相应的体制和机制，使市民和企业能够获得有关活动的信息	12.7%	1.8%	5.5%	5.5%
I.向市民及企业进行宣传和普及活动，促进社会对社会组织的理解和参与	27.2%	0	3.6%	23.6%
J.建立和完善社会组织活动评估和表彰体系	16.3%	3.6%	7.3%	5.4%
K.其他	0	0	0	0
合计	——	100%	100%	100%

注：A—K项为随机排序。

　　其次，社会组织对市场的依赖程度相对较低。选择"不依赖"和"完全不依赖"的分别占了27.3%和1.8%，中性选项"一般"占了34.5%，从表21中也可以看出，社会组织从事的市场活动较少。在问及"社会组织的活动领域和活动方式"时（详见表11），选择"商业性活动（或准商业性活动）、设置经营实体"的只占了10.9%，是所有方式中最少的一项，出现这种情况的原因可能有：社会组织的性质与功能定位决定了其与市场上的营利组织不同；社会组织参与市场的机制建设滞后，使得社会组织无法便捷、顺畅且制度化地参与市场竞争；社会组织的能力不足，对体制内资源的依赖性较强，参与市场竞争的内在动力不足。

表21　被调查安徽社会组织的运作和发展对市场的依赖程度

选项	非常依赖	比较依赖	一般	不依赖	完全不依赖	合计
频次	4	16	19	15	1	55
比例	7.3%	29.1%	34.5%	27.3%	1.8%	100.00%

　　最后，论及社会组织之间的合作对于其自身发展的影响程度时，选择"很频繁"、"较频繁"的分别达到了14.5%和34.5%，中性选项"一般"为41.8%，而选择"基本没有"的只占了9.2%（见表22）；在社会组织之间的合作关系对其工作的影响程度评估中（见表23），选择"比较重要"和"非常重要"的比例都很高。这都说明，社会组织之间的联系、合作是必要的，这也是发挥社会组织这一"行业"的自我管理功能、实现"规模经济"的重要保证。因此，需要在管理体制改革和创新方面注意这一点。

表22　被调查安徽社会组织与其他社会组织的合作频率

选项	很频繁	较频繁	一般	基本没有	从没有	不清楚	合计
频次	8	19	23	5	0	0	55
比例	14.5%	34.5%	41.8%	9.2%	0	0	100.00%

表23　社会组织之间的合作关系对他们工作影响的重要程度评估

影响指标	不重要	不太重要	一般	比较重要	非常重要	合计
	比例	比例	比例	比例	比例	比例
A.获取资金支持	3.6%	10.9%	14.5%	47.3%	23.7%	100.00%
B.信息共享	1.8%	7.3%	16.4%	45.5%	29.0%	100.00%
C.经验学习与交流	0	5.5%	18.2%	49.1%	27.2%	100.00%
D.推动服务项目的创新和发展	3.6%	5.5%	21.8%	41.8%	27.3%	100.00%
E.帮助其他组织进行能力建设	7.3%	9.1%	34.5%	38.2%	10.9%	100.00%
F.获得情感上的相互支持	3.6%	12.7%	29.1%	38.2%	16.4%	100.00%
G.扩大本社会组织的影响力	0	9.1%	14.5%	27.3%	49.1%	100.00%
H.其他（请写出）	0	0	0	0	0	——

五、社会公众的认知及其对社会组织管理体制改革的预期

社会组织资源的获取需要广大人民群众的支持；社会组织功能的发挥也需要人民群众的体验，获得人民群众的认可。因此，课题组又分别在合肥市、芜湖市、宣城市和黄山市开展了"社会公众对社会组织认知情况"的调研，以随机偶遇的方式选择样本，发放问卷。

（一）社会公众对社会组织的认知度判断

调查结果显示，社会公众与社会组织间有一定的联系，对社会组织有一定的认知，但认知度还有待提升。如表24所示：加入过社会团体的群众占被调查者的34.5%，接受过民办教育、民办医疗机构服务的群众占被调查者的40.9%，过去一年中为慈善基金会捐款或得到基金会直接募捐诉求的社会公众占被调查者的53.6%。这表明，促进安徽省社会组织的发展，不仅需要提升社会组织的社会影响力、公信度，还需提升社会组织在社会公众中的认知度和认可度。这也是安徽社会组织体制改革创新的方向和参照之一。

表24　社会公众对社会组织的认知程度一览表（n=110）

选项	社会团体		民办非企业单位		基金会	
	是	否	是	否	是	否
频次	38	72	45	65	59	51
比例	34.5%	65.5%	40.9%	59.1%	53.6%	46.4%

（二）社会公众对社会组织的认可度判断

在调查对社会团体（包括协会、商会、联谊会、学会等）、基金会、民办学校、民办医院、民办社会福利机构和社会救助类慈善组织的满意度和认可度方面，得到的是相对消极的结果：社会公众对社会组织的信任程度一般（参见表25）。

表25　社会公众对社会组织的信任程度一览表（n=110）

选项	选项	评价					合计
		非常不信任	比较不信任	一般	比较信任	非常信任	
社会团体	频次	2	12	68	24	4	110
	比例	1.8%	10.9%	61.8%	21.8%	3.6%	100.0%
基金会	频次	4	25	62	17	2	110
	比例	3.6%	22.7%	56.4%	15.5%	1.8%	100.0%
民办学校	频次	3	21	55	28	3	110
	比例	2.7%	19.1%	50%	25.5%	2.7%	100.0%
民办医院	频次	2	26	59	18	5	110
	比例	1.8%	23.6%	53.7%	16.4%	4.5%	100.0%
民办社会福利机构	频次	5	17	65	20	3	110
	比例	4.5%	15.5%	59.1%	18.2%	2.7%	100.0%
社会救助类慈善组织	频次	2	14	69	20	5	110
	比例	1.8%	12.7%	62.7%	18.2%	4.5%	100.0%

通过表25不难看出：对于社会团体、基金会、民办学校、民办医院、民办社会福利机构和社会救助类慈善组织的"非常信任+比较信任"的选项分别为25.4%、17.3%、28.2%、20.9%、20.9%和22.7%，都低于三成，最高的也不过28.2%；选择"一般"的比例较高，社会团

体、基金会、民办学校、民办医院、民办社会福利机构和社会救助类慈善组织分别为61.8%、56.4%、50%、53.7%、59.1%和62.7%，都超过了一半，最低也有50%。出现上述结果的原因大致包括：一是人们对于社会组织这样的公共组织的期望程度较高，导致期望越高失望越大的结果；二是人们对于社会组织这样的公共组织负面评价具有"放大"效应，即，将其积极的功能视为"应该的"，因而印象不深，反而对其负面现象（如郭美美事件）印象极深、感触极深，影响了对社会组织的客观评价；三是社会组织的社会公信力不够、积极功能发挥得不够，致使社会公众对其满意度不够、认可度欠佳；四是社会组织的信息披露程度不够，导致了人们对其理解程度不够，影响了认知度和认可度；五是社会组织形象建设、品牌建设力度不够，降低了其认知度和认可度。这种低认可度具有很大的危害，会导致社会组织的社会合法性缺失，进而影响社会组织的资源动员效果。这表明，在今后的社会组织建设过程中，需通过多方面途径提升社会组织的公信力。

（三）社会公众对于提高社会组织公信力的建议

在问卷中，我们也设置了提高社会组织公信力建议方面的问题，调研结论如下。

1. 加强社会组织的内部管理

调查结果显示：71.8%的被调查者认为规范社会组织内部管理可以起到很大的作用；83.6%的被调查者认为招聘高素质人才到社会组织工作可以起到很大的作用。可以肯定的是，社会组织的内部管理对于提升社会组织的各项能力和提高社会组织的公信力具有不可替代的作用。加强社会组织的内部管理，可以使社会组织的运行效率显著增强，提升其办实事、高回应的服务能力，进而提升社会公众对社会组织的满意程度，扩大社会组织影响力和号召力，在根本上提升社会组织公信力。加强社会组织内部管理的措施大致包括如下几方面：一是应当制定具体明确的工作计划和规范的管理制度，规范社会组织的内部管理；二是要以有保障性的条件和健全的制度来吸引高素质人才加入社会组织，壮大社会组织自身的实力，更好地为社会公众解决问题、提供服务；三是应当增强社会组织为群众服务能力的建设，发挥社会组织的本质作用，加深群众对社会组织的认可程度；四是对社会组织的各项活动的必要性和在群众中的影响力进行认真评估，对群众认可度高和对群众利益大的活动要多举办、多开展，多做实事，少开展或不开展仅具有形式主义的活动；建立完善具体的有针对性的评估制度，通过评估制度激励、约束、指导社会组织的内部运行；五是切实消除社会组织运行过程中的"四风"问题，降低其存在的某些"官僚"习气，让社会公众认为其是服务行动的主体，而不是高高在上、具有"官老爷"气息的主体。

2. 公开社会组织的重要信息

在被调查者中，认为公开社会组织财务信息和公开社会组织人事信息可以起到很大作用的比例分别占80%和76.4%，另有81%的被调查者支持对出现诚信问题的社会组织进行问责，这也是树立社会组织良好形象必须遵循的规则。实际上，公开社会组织的重要信息，包括社会组织的财务制度和社会组织的人事信息也是很有必要的。换言之，建立涵盖社会团体、民办非企业单位和基金会在内的信息披露制度、重大事项报告制度、社会公众投诉制度等是提升社会组织公信力的重要措施之一。不言而喻，信息披露有如下几方面的作用：一是约束社会组织，使之严格按照规章制度办事；二是强制社会组织合理支出每笔资金，"好钢用在刀刃上"，最有效地使用公共资源，提高公共资源的效率、效益和效果；三是更有利于群众了解社会组织信息，并据此参与到社会组织及其举办的相关活动当中，进而提升社会组织的公信力；四是便于社会公众更加深入了解社会组织，增强群众对社会组织的认同感和信任感；五是便于社会各界监督社会组织，提高社会组织的运行合理性，提升社会组织公信力。

3. 完善社会对社会组织的监督

对社会组织的监督的主要方法有：完善政府机构对社会组织的监管制度、完善媒体对社会组织的监督、完善"同行"监督和引入第三方评估机制。在关于完善社会对社会组织的监督管理的调查中，认为"完善政府机构对社会组织的监管制度"、"完善媒体对社会组织的监督"、"完善'同行'监督"和"引入第三方评估机制"会起到很大作用的被调查者所占比例分别为89%、90.9%、83.6%和80.9%。这表明，超过八成的被调查者希望社会组织可以得到有效的监督，从而增强社会组织自身的作用，减少甚至避免社会组织违反法律法规的情况，推动社会组织的健康发展。同时，被调查者也在很大程度上相信政府、媒体以及社会组织同行（如枢纽性社会组织）对于社会组织的监督会使社会组织发展更加快速，社会组织的作用更加显著，社会组织的公信力能得到稳步提升。

4. 树立社会组织的形象

一个"好的"社会组织必定会在群众心中留下好的印象。这是通过真真正正做到为百姓做实事、真真正正为公众谋福利才能达到的效果。调查显示，63%的被调查者认为聘请明星代言人对于提升社会组织公信力基本没作用；30%的被调查者则认为政府为社会组织担保在提升社会组织公信力方面基本没作用；而通过保持社会组织的独立性和对出现诚信问题的社会组织进行问责，大多数被访者认为能够大幅度提升社会组织公信力。

这一调查结果表明社会组织良好形象的塑造需要以切切实实的公共行动、不折不扣的守法行动为基础，其他一切都是"虚的"，都是形式主义。因此，在安徽社会组织环境提升工程建设和安徽省社会组织规范工程建设过程中要切实注意这两点——服务行动与守法行动。

六、安徽社会组织管理体制研究的基本结论与对策建议

（一）研究的基本结论

第一，良好的社会组织管理体制需要服务并符合社会组织的理想定位，能够助推社会组织朝合理方向发展。目前通用的市场失灵、政府失灵理论和合约失灵理论给了社会组织以"拾遗补缺"的地位，有明显的"剩余法"的特点——在市场和政府存在不足的地方，需要社会组织来填补。这显得有些笼统、含糊，指向不明，在指导社会组织管理体制改革方面的借鉴作用不明显。相反，治理理论、社会资本、公民社会理论、社群主义理论和管理主义理论在指导社会组织管理体制改革方面的借鉴价值更为明显。总之，在理论上对安徽社会组织理想的定位应该是：社会组织应该具有"公民社会"的属性，逐步走向公民社会；应该为公共事务的"治理"开辟新领域，与政府协同行

动；应该成为一个通过自我管理追求"善"的共同体；应该具备现代性的内部运作机制，科学化运行。这个定位属于"高标准预期"，只有在"高标准预期"下的政策设计，才能够使安徽社会组织管理体制充满张力，并有效助推安徽社会组织的健康、可持续发展，适应经济社会的未来发展趋势。详见本文第二章"（一）社会组织理想定位的理论梳理与归纳"。

第二，具体区域的社会组织发展还需以区域特点为依据确定战略定位和发展趋势。与发达地区相比，安徽省发展相对滞后，基本民生需求和社会建设的要求更高。在公共财政支持相对不足的情况下，更需要社会组织发挥应有的作用。鉴此，安徽省社会组织发展的定位应该是：服务于民生建设，通过有效地公共行动满足安徽省的需求。具体而言，包括：按照社会建设与经济建设同等重要的理念推动社会组织快速、健康发展，发挥社会组织的应有功能，服务美好安徽建设、服务皖江城市带承接产业转移示范区建设、服务合芜蚌自主创新综合试验区建设，成为打造"三个强省"的重要力量之一，重点培育和发展行业协会商会类、科技类、公益慈善类、城乡社区服务类社会组织。这一发展定位是安徽社会组织管理体制改革创新的前提和依据，也是安徽社会组织管理体制改革创新的目标之所在。当然，安徽省实施的区域性社会组织管理体制创新应该保持与国家基本政策、基本战略相一致，这不仅是保证政策有效性和连续性所必需的，而且是保证区域政策创新合法性的前提基础。这一点是安徽社会组织管理体制改革创新过程中所必须强调的。详见本文第二章"（二）安徽社会组织理想定位的基本判断"。

第三，"路径依赖"现象和政策的连续性要求决定了社会组织管理体制改革创新需要以现有体制为基础。国家层面的社会组织管理体制由多个层面的政策规范组成，主要包括：宪法、法律、行政法规、部门规章、党的政策与文件。有利于地方改革创新社会组织管理体制的有：宏观上对社会组织的定位、预期都比较高，随着加强和创新社会管理进程的深入，对于社会组织的基本数量、运行能力、功能发挥等重视程度越来越高；鼓励并允许各地在变通现有管理体制的基础上改革创新社会组织管理体制；在国家层面上对适度改革现有行政规章取得一定程度的共识，社会组织管理体制改革创新的步伐适度加快；

在社会去行政化改革、社会组织税费制度改革、社会组织信息披露制度的创立和改革、社会组织评估制度的实践与改革以及其他专项改革方面进行了较好的政策示范。不利的要素主要有:"双重管理体制"、"限制竞争体制"等障碍性要素的改革仍未突破;社会组织管理体制涉及多个部门,政策协调成本较高,需要适当整合;很多专项规定的出台相对滞后等。详见本文第三章"(一)国家层面的社会组织管理体制"。

第四,针对社会组织管理体制存在问题,各地根据具体情况开展了多种改革创新。这些探索一方面为社会组织管理体制改革营造了舆论环境,另一方面为社会组织管理体制改革提供了经验和实践范式。改革实践取得了不容置疑的成效,但是也存在几个问题:一是虽然在很多领域通过"归并"业务主管单位的方式降低了登记门槛,但是被"归并"了的业务主管单位需要面对更多的社会组织,对其监督管理和服务能力提出了更高的要求;二是现有的改革更多集中于"归并"业务主管单位,提高了社会组织数量,但是数量发展仅仅是一方面,社会组织的能力建设、制度建设,社会组织参与社会管理的积极性、便利性等并未通过综合性政策予以解决,相关配套政策并不完善;三是很多社会组织并不愿意脱离原有的业务主管单位,没有在根本上改变社会组织行政依附性的取向;四是现有改革实践更多是在行业协会、工商经济等领域内进行,施行范围有待推广;五是各地的改革实践具有"碎片化"特点和"特区"属性,需要在全国范围内突破制度瓶颈,并形成政策示范和引领。详见本文第三章"(二)其他各地社会组织管理体制改革创新的探索与启示"。

第五,安徽积极培育扶持社会组织的发展,在政策引导、分类指导的原则下,出台了一系列政策举措,社会组织不断发展壮大,增速显著;全省社会组织的运行能力、服务功能也得到了明显提高。存在的问题有:安徽社会组织管理体制改革的综合性程度不够;安徽社会组织在数量上、能力上、环境适应性上都需要提升;对社会组织的能力建设、功能促进、行为改造、绩效评估、信息披露等方面监管力度需要加强。这些构成了安徽社会组织管理体制改革创新的基本依据。详见本文第三章"(三)安徽省社会组织管理体制改革实践与趋势"。

第六,社会组织的存在与发展依赖于其功能的发挥情况。如果社会组织的功能不被合理定位或者功能发挥程度不高，将影响其"合法性"。社会组织管理体制改革创新的方向之一便是合理定位社会组织的功能预期，并充分发挥其功能，使其功能"外化"。(1) 在整体上，大部分受访者看好社会组织的发展现状以及前景；社会组织的专任工作人员及领导干部对社会组织自身的功能和发展充满了信心。(2) 在社会组织预期功能和实际功能判断方面，被访者对社会组织的功能期待非常高；社会组织的"实际功能判断"选择结果与"功能期待"选择结果比较相差不大，说明社会组织在组织优势、功能定位、性质定位等方面都有着相对不错的表现。但是，仍有两点需要重视：一是 B 命题的"功能期待"、"实际功能判断"选择"赞同"、"很赞同"的比例相比差距最大，这说明社会组织在推动社会发展、社会创新、社会管理和社会建设的功能发挥方面，理想与现实之间的差距过大；二是 C 命题的赞同程度相对较低，且 C、D 两个命题在涉及实际功能判断方面选择"一般"的比例明显增加，说明社会组织的实际功能合法性仍然面临不小的挑战，社会组织的运作合理性、环境适应性等方面亟需改善。(3) 在成立社会组织的目的方面，"为组织成员提供服务，维护会员的正当权益"、"促进科学技术（或社会科学）的推广与利用"、"募集公共资源，提供公共服务，参与社会救助"、"为政府建言献策，影响政府政策制定与实施"、"承担公共服务购买项目，与政府共同、合作提供公共服务"等选项的选择比例依次递减，说明社会组织在承担公共服务购买项目，与政府共同、合作提供公共服务这一方面的理解还不够充分；也说明服务购买机制不完善，社会组织参与服务购买的实践较少。详见本文第四章"（一）安徽省社会组织的功能合法性及其问题"。

第七，如果没有良好的内部运作能力，社会组织的预期功能是无法实现的。(1) 在组织活动方面，调研统计数据显示，安徽省的社会组织绝大多数能够按照规定的期限开展相应的活动。安徽省社会组织的活动领域和活动方式在总体上是丰富多样的，并且在各个领域基本都有涉及，社会组织通过这些活动方式阐释了其存在的必要性。但是，被动活动的情况较多，而自主设计行动目标和项目的情况较少。(2) 在社会组织制度化建设方面，在"内部议事制度"、"财务管理制度"和"自律机制"这三个方面的制度化程度相对较高，而在其他制度化建设方面并不理想,表明安徽省社会组织的制度化程度存在较大的提升和改进空间。(3)在组织自主性方面,社会组织的自主性受到很大程度的威胁。(4)在可持续发展能力方面,被访社会组织可持续发展能力大体上比较乐观,但在总体营利和筹资能力上相对较弱。(5)总的看来,安徽省社会组织的功能发挥程度、自主性程度、可持续发展能力三者密切相连,因此必须要协调好三者之间的关系,采取有效的方法和措施提高这三种指数,进而提高社会组织的运作合理性水平。详见本文第四章"(二)安徽省社会组织的运作合理性及其问题"。

第八,社会组织的运作和发展对政府的依赖程度较高,对市场的依赖程度相对较低;社会组织对不同社会组织之间的依赖期待比较高,社会组织之间的联系、合作是必要的,这也是发挥社会组织这一"行业"的自我管理功能、实现"规模经济"的重要保证。需要在管理体制改革和创新方面注意这一点。详见本文第四章"(三)安徽省社会组织的环境适应性及其问题"。

第九,社会组织资源的获取需要广大人民群众的支持;社会组织功能的发挥也需要人民群众的体验,获得人民群众的认可。调查结果显示,社会公众与社会组织间有一定的联系、对社会组织有一定的认知度,但认知度还有待提升,这表明促进安徽省社会组织的发展,需要提升社会组织的社会影响力,提升社会组织在社会公众那里的认知度。详见本文第五章"(一)社会公众对社会组织的认知度判断"。

第十,社会公众对社会组织的信任程度一般。出现此结果的原因大致包括:一是人们对于社会组织的期望程度较高,形成了期望越高、失望越大的结果;二是人们对于社会组织的负面评价具有"放大"效应,近年来出现的负面现象(如郭美美事件)影响了对社会组织的客观评价;三是社会组织的社会公信力不够、积极功能发挥得不够,导致人们对其满意度不够、认可度欠佳;四是社会组织的信息披露程度不够,导致了人们对其的理解程度不够,影响了认可度;五是社会组织形象建设、品牌建设力度不够,影响了认可度。这种低认可度具有很大的危害,导致其社会合法性缺失,进而影响社会组织的资源动员效果。这表明,在社会组织建设过程中需通过多方面途径提升社会组织的公信力。详见本文第五章"(二)社会公众对社会组织的认可度判断"。

第十一，社会公众对提高社会组织公信力的建议有：加强社会组织的内部管理，促进社会组织的信息披露，完善社会对社会组织的监督，通过具体的服务行动而不是明星代言等形式印象更有助于提升公信力。这些是社会公众对于社会组织建设的主要预期，在社会组织管理体制改革创新方面需要注意。详见本文第五章"（三）社会公众对于提高社会组织公信力的建议"。

（二）安徽社会组织管理体制改革创新建议

1. 明确定位

在"高标准预期"、安徽实际和国家基本政策三者相协调的基础上提出安徽社会组织的发展定位。

对安徽社会组织理想定位的建议为：社会组织应该具有"公民社会"的属性，为公共事务的"治理"开辟新领域，成为与政府协同行动、通过自我管理追求公共"善"，具备现代性的内部运作机制，科学化运行。

安徽社会组织管理体制的定位建议为：按照社会建设与经济建设同等重要的理念推动社会组织快速、健康发展，服务美好安徽建设、服务皖江城市带承接产业转移示范区建设、服务合芜蚌自主创新综合试验区建设，使社会组织成为打造"三个强省"的重要力量之一，重点培育和发展行业协会商会类、科技类、公益慈善类、城乡社区服务类、社会建设类社会组织。

结合上述定位，建议在全省范围内开展社会组织建设宣传活动；要求在各种社会组织管理的政策文件中明确表述上述定位；开展体现上述定位的社会组织文化培育活动；开展社会组织品牌建设活动；征集社会组织建设政策文本、宣传口号，等等。

2. 系统协调

研究表明，现有的社会组织管理主体存在多元化、分散化现象，涉及多个部门，监督管理工作体系不统一；现有的社会组织管理体制改革也存在碎片化、零散化现象，往往涉及某一类社会组织或某一行动领域，政策协调性、系统性较差。鉴此，建议加强社会组织的系统管理，加快社会组织监督管理工作系统的统一化改革。

在政府层面：建议将各种内部自成一体、各自为政的管理主体纳入到一个统一有序、协调自如的工作体系中，从体制上整体推进、系统思考社会组织建设举措。现有的"安徽省社会组织管理工作领导小组"和"安徽省社会组织管理工作领导小组办公室"在日常操作和具体协调方面力度不大。因此，建议在"领导小组"和"领导小组办公室"的基础上形成更具日常性、更具系统协调性的"安徽省社会组织管理工作联席会议制度"，提高其"日常性"，比如定期例会、定期磋商等。

在政策举措层面，建议出台综合性政策文件或"一揽子"政策举措来系统推进社会组织建设，涉及社会组织数量提升、能力提升等各个方面。避免"头疼医头，脚疼医脚"。

在社会组织层面，建议进一步加强"安徽省社会组织联合会"这一"枢纽型社会组织"的建设，提升其在社会组织培育、服务、监督管理、政策研究等方面的能力，充分发挥其在社会组织领域的"自我管理"功能。同时，在"安徽省社会组织联合会"之外，建议要加强"枢纽型社会组织"的建设和培育，提高全省"以社管社"的水平，发挥"枢纽型社会组织"的行业领头羊、部门桥梁和行业自律、行业自我管理的作用；可以分类引导、培育资源支持型、信息中心型、部门联系型、能力促进型或具有一定交叉性的"枢纽型社会组织"。

3. 分类管理

"系统协调"这一政策建议只是在管理形态上要注意统一性、协调性，并不意味消除社会组织的一切差别，采取"一刀切"的管理方式。相反，由于社会组织的组织属性、功能领域、具体行为等都有众多类别，因此必须坚持"分类管理"的原则。

第一，建议建立基于社会组织功能的分类管理体制。在《关于加强和创新社会组织建设与管理的意见》、《安徽省"十二五"社会组织建设发展规划》中，都明确提出要重点培育、优先发展行业协会商会类、科技类、公益慈善类、城乡社区服务类组织；而对政治法律类、宗教类的社会组织持相对严格、谨慎的态度。这无疑体现了功能分类管理原则，也体现了安徽省加强和创新社会管理的发展部署。但是，现有的归类有些"粗"，建议编制更为细致、更为全面的社会组织"功能分类"目录，在此基础上编制《社会组织登记指南》，起到更为明确的引导作用，重点发展那些服务性强、民生意义大的社会组织，并且把其功能定位在提供更高效、优质、贴心的公共服务和公共物品之上，服务安徽全面小康社会的建设。

建立"支持—操作性"分类管理体制。从功能上看，"枢纽型社会组织"更多具有支持性，具有以社管社的自我管理、自我服务功能。一般的社会组织则更多具有操作性，从枢纽型社会组织那里获得支持，通过具体的服务行动参与社会建设，以"操作"为主要职责。因此，需要建立"支持—操作性"分类管理体制，并且枢纽型社会组织根据支持功能和领域的不同，可以细分为资源支持型、信息中心型、部门联系型、能力促进型或可具有一定的交叉性，这也需要分类指导、分类管理、分类建设。

第二，建议建立基于地域区位的社会组织分类管理体制。目前，安徽省已确立了在"合芜蚌自主创新综合试验区"、"皖江城市带承接产业转移示范区"开展社会组织管理体制改革，并且明确了"继续实行城乡基层社会组织登记和备案并行的双轨制，探索建立城乡社区枢纽（联合）型社会组织，增强社区自治服务功能"。目前的这种分地域区位的改革更多以"发展特区"和"风险较小的社区"为依据。这并不全面，因为"特区"和"基层社区"的改革创新实践并不具备可推广性。鉴此，建议更加系统且细化基于行政地域区位的社会组织改革步骤，可先在个别条件成熟地区开展社会组织改革试点，然后根据试点情况或终止试点政策，或改进试点政策，或推广试点政策。

第三，建议建立基于社会组织行为的分类管理体制。社会组织作为一种理性的社会结构，有着性质差异巨大、外部性影响不同的各类行为方式。因此，需针对社会组织的对外合作行为、商业行为、服务行为、公益行为、行政行为、党建行为以及内部治理行为分别提出具有操作性的管理体制机制和管理办法。目前，民政部出台了关于社会团体的对外合作行为的管理意见，并未涉及民办非企业单位和基金会；同时，在商业行为、服务行为、公益行为、行政行为、党建行为以及内部治理行为方面的单项规定尚未出台。建议安徽省根据具体情况，在社会团体、民办非企业单位和基金会分类的基础上，分别针对其具体行为出台规范意见或管理意见，一方面可以推进安徽社会组织建设，另一方面可以为全国范围内的改革提供政策实践经验。

第四，建议建立基于社会组织管理行为的分类管理体制。社会组织管理涉及多个政府部门，也涉及不同层级的政府部门，它们在社会组织管理方面的职责、行为方式上各有侧重。除了建立统一协调的"联席会议制度"之外，也有必要建立基于"社会组织管理行为"的分类管理体制。一方面，建议在省级层面上先建立针对不同党政管理部门的分类管理体制，明确各个部门在社会组织培育、行为监管、服务购买、能力建设等方面的职责，避免推诿、扯皮、重复管理和政出多头等问题；另一方面，建议针对省市县三级管理部门，明确它们分别在社会组织培育、社会组织行为监管、社会组织的地域定位和地域特色、社会组织参与公共服务购买等方面应该担负的职责、采取的措施等，形成上下一贯、集成合力的层级管理格局。

第五，建议建立基于分层次的分类管理体制。一方面，根据社会组织的具体情况和成熟程度，健全和完善包括备案、登记和公益认定的"分层次"分类管理体制。对于那些组织化程度低、规模小、行动随意性较大、参与者较少、成熟度不高的社区社会组织，实行社区备案制；对于达到法人登记条件的社会组织，实行分类法人登记制度；对于社会影响大、公共性强、运作制度化程度高、较为成熟的法人组织，可以实行分类公益组织认定制度。[1]另一方面，在备案、登记和公益认定"分层次"的基础上，采取不同的登记、监管、培育手段，更有针对性、有效率地开展社会组织管理与建设。[2]

第六，建议建立基于活动领域的分类管理体制。上海、北京、深圳以及安徽等地的社会组织管理体制改革都是从政治性弱而经济性强的行业协会作为突破口，然后部分推广至社会建设、社会福利等服务性强、易获得合法性的领域；在社会团体、民办非企业单位和基金会等组织形态上也根据不同的领域推进改革。这体现了活动领域分类管理的思想。建议在合理划分活动领域的基础上，结合社会组织的功能区分，编制系统、细致的分类目录，根据不同类别采用不同的改革步骤，实施不同的登记、监管和培育措施，提高社会组织建设和社会组

① 王名，等:《我国社会组织管理体制的形成及其改革建议》，载陈金罗等:《转型社会中的非营利组织监管》，北京:社会科学文献出版社，2010年版，第47—61页；郑琦，等:《社会组织登记管理体制改革——模式比较与路径选择》，载《理论与改革》2011年第1期。

② 郑琦，等:《社会组织登记管理体制改革——模式比较与路径选择》，载《理论与改革》2011年第1期。

织管理的效果。[①]

第七，建议建立基于社会组织发展环境的分类管理体制。影响社会组织发展的因素很多，不同的因素需要通过不同的社会管理举措予以干预。在《安徽省"十二五"社会组织建设发展规划》中提出了实施"社会组织环境提升工程"。该工程也需要实施分类差别化管理，即针对社会组织体制创新与发展环境的不同侧面，在统一协调的基础上，分部分实施：宣传服务平台建设、公共服务参与机制建设、政府购买服务实施机制等需要不同部门牵头，分别健全、完善。当然，"发展环境"分类管理体制应该与"管理行为"分类管理体制协调建立。

4. 专项管理

根据调研结果的具体分析，除了上述综合性的社会组织管理体制改革建议之外，课题组还建议着重开展以下几方面的专项制度改革与创新：

第一，在《采购法》等的基础上，健全完善政府购买体制机制，让社会组织更便捷、更充分地参与公共服务供给。在供给公共服务的同时，为社会组织提供更广的生存空间和发展机会。

第二，建立社会组织信息披露制度、重大事项报告制度，通过"信息监督"的加强来促使社会组织运行的合理性。

第三，建立社会组织退出机制。目前似乎更多关注社会组织的登记、监管和培育，在退出机制方面的关注度严重不够，而这又是政策系统性、社会组织优胜劣汰机制建设所需要的。

第四，在总结"安徽省社会组织联合会"建设经验的基础上，进一步推动"枢纽型社会组织"建设，出台《枢纽型社会组织管理意见》或《支持型社会组织管理意见》，规范枢纽型社会组织的行为，推动枢纽型社会组织的建设。

第五，建立社会组织公众监督监管机制，完善公众投诉制度，提高社会个体在监督社会组织方面的影响力，提升社会组织的社会公信力。

第六，建立社会组织协同管理机制和联合执法机制，提高社会组织监督管理的效果。

---

① 郑琦，等：《社会组织登记管理体制改革——模式比较与路径选择》，载《理论与改革》2011年第1期。

第七，在分类的基础上，出台《社会组织章程示范文本》、《社会组织内部治理示范文本》等，引导社会组织规范内部管理，提高社会组织的运作合理性。

第八，适当推动社会组织的专职化，实施"社会组织管理职业化"人才培养项目，建设"安徽公益招聘平台"，加强志愿者队伍建设、社会工作人才队伍建设，为社会组织建设奠定人力资源基础。

第九，在"中央财政支持社会组织参与社会服务项目"示范、引领基础上，分级（省市县）实施财政支持社会组织参与社会服务项目，推动社会组织建设。

社会组织建设与社会管理创新的有关问题研究[①]——基于组织学相关理论的分析

徐彬，等[②]

摘要： 社会管理创新的应有之义之一是促进社会组织的发展，并通过社会组织建设促进社会组织社会管理功能的充分、有效发挥。本课题首先视社会组织为理性系统，考察分析其组织结构的合理化程度、管理模式与运作状况等。其次，在自然系统组织理论和行动者系统组织理论的视野下，考察分析社会组织成员间的交往类型、社会组织发展与组织成员间的关联程度。再次，在开放系统组织理论的视野下考察分析社会组织的制度环境、社会环境（即社会认同程度）以及社会组织的环境适应能力。最后，在上述分析的基础上提出促进社会组织建设、实现社会管理创新的有关对策。

关键词： 社会组织；社会管理创新；组织学

一、引　言

（一）社会管理创新需要社会组织建设

现代社会的政治图景、公共治理格局是一种三维结构，由公共权力领域、公民社会领域和公民领域三部分构成。

公共权力领域是三维结构的核心，其主体组织形式是政府、执政党等。公共权力组织是保证社会秩序、协调社会冲突、制定社会法律、开展公共决策、保证社会正义的重要主体。其具有强制性，可以

---

① 该文原载于国家民间组织管理局编：《2011年中国社会组织理论研究文集》，北京：中国社会出版社，2012年版，第433页起。

② 该项目由徐彬主持，参与人有安建增、何晔、朱丽霞、李薇薇、钟颖、夏春、马晓强。

强制改变人与人之间的利益博弈结构，从而消除政治上不合作的利益根源①，使人们的行为趋向合作，威慑、惩罚不法行为者。可以说，在社会管理方面，公共权力领域属于"同辈中的长者"，其责任是引导、控制各类社会主体有序地参与社会管理，实现社会管理和社会服务的公共目标②。

公民社会领域的主体性要素是社会组织，在公共权力领域和公民领域之间起中介和联结作用。20世纪80年代左右兴起的（新）公共管理学、治理理论以及公民社会理论、社会资本理论都认为公民社会及社会组织对社会管理、社会公平、政治发展都有着不可或缺的作用。也就是说，社会组织可以在"政府之外"、"体制之外"开展社会管理、化解社会风险，其发挥的是自我服务功能、社会整合功能和自我管理功能，其与政府、党团组织等通过合作、协商等方式管理社会公共事务，开展社会管理③。

公民领域的主体性要素是公民。公民的特性就在于"公"之上，与公共生活密不可分，在公共生活中享有权利履行义务。这里有两层含义：一是公共权力领域和公民社会领域开展社会管理的根本目的是为公民（人民）服务，满足公民的需求；二是公民应积极主动地参与到公共权力领域和公民社会领域。公共权力领域和公民社会领域的运作和发展都需要公民贡献自己的力量，公民不仅"是公民"，更要"做公民"。当然，公民的责任性、主体性等是决定社会组织能否大量出现的关键要素之一。在我国，"体制外"的公民社会领域发展相对不足，这极大地影响了我国的现代化转型，阻碍社会管理绩效的提升。因此，社会管理创新的一个非常重要的层面就是加强社会组织建设。

（二）研究对象的界定

社会组织的称谓较多，有社会组织、第三部门、非政府组织和非营利组织等，其所涉猎的领域、具体的组织形态、产生和运作的逻辑等更是复杂多样。有学者将中国社会组织的类型分为政府选择和社会

---

① 毛寿龙：《政治社会学》，北京：中国社会科学出版社，2001年版，第42页。

② [英]杰索普：《治理的兴起及其失败的风险：以经济发展为例的论述》，载俞可平：《治理与善治》，北京：社会科学文献出版社，2000年版，第79页。

③ 康晓光：《权力的转移——转型时期中国权力格局的变迁》，杭州：浙江人民出版社，1999年版，第188–218页。

选择两大类，其中社会选择模式就有十种逻辑，即十个类别①；有学者将中国社会组织分为15种模式，每一种模式中又包含数量不一的小类别②。正是基于这一原因，本研究主要以"组织自主型"和"政府影响型"（不包括"政府主导型"），并以社会管理、公共服务或解决基层社会问题为主要功能的社会组织为研究对象（参见表1）。

表1 本研究所关注的社会组织一览表

类型描述	发起主体	法律身份	治理结构	资源结构	产品属性	功能活动
有经营性收入的民办非企业单位	民间	体制内法人组织	组织自主型	经营收入+社会	准私人物品	提供公共服务
政府举办的公益性社会组织	政府	体制内法人组织	政府影响型	社会+政府+海外	公益性准公共物品	解决社会问题
民间发起成立的公益性、互益性社会团体和公益性基金会以及归口管理下的宗教组织、业主委员会等	民间	体制内法人组织	组织自主型	社会+海外	互益性准公共物品	解决社会问题或集体问题
公益性或互益性的挂靠组织，单位或社区内部的各种公益性组织以及各种合法社会组织下的公益性二级机构	民间或基层政府	体制内依附性组织	组织自主型	社会+海外	互益性准公共物品	解决社会问题或集体问题
以企业形式注册的社会组织	民间、海外	体制外组织	组织自主型	社会+海外	互益性准公共物品	解决社会问题
民间发起成立的，但因各种原因游离于政府控制体制之外的社会组织；街头、公园内的各种兴趣组织，互联网上的虚拟组织	民间、海外	体制外组织	组织自主型	会员+社会+海外	互益性准公共物品	行业或社会角色联合、宗教信仰

资料来源：王名主编：《中国社会组织30年——走向公民社会》，北京：社会科学文献出版社，2008年版，第298页。有改动。

二、理性系统组织理论视野下的社会组织

理性系统组织理论认为组织能否有效地运作、充分地发挥其应有

---

① 参见王名，等：《中国社团改革：从政府选择到社会选择》，北京：社会科学文献出版社，2001年版，第132-138页。

② 康晓光，等：《改革时代的国家与社会关系》，载王名：《中国社会组织30年——走向公民社会》，北京：社会科学文献出版社，2008年版，第290-298页。

功能取决于能否建立一个规范、合理的关联结构，从而把各种要素有机地组合起来。因此，在理性系统组织理论看来，社会管理创新要求社会组织形成合理的组织结构，组织内部的管理模式能够适应当下的社会情境。

（一）社会组织内部结构的合理化程度

组织结构主要表明组织内部各要素的排列顺序、空间位置、聚散状态和联系方式的一种模式，是整个组织管理系统的框架。对于这一问题的研究思路（参见表2）。

表2　组织结构考察的主要维度

主要维度	关键性问题	对每一关键问题进行的追问
工作专业化	组织要细分到何种的程度？	
部门化	分工后，工作分群的依据为何？	组织管理者对这一问题的关注程度如何？这一问题在组织规章制度方面的体现程度如何？是否随着组织规模、功能等的变化而进行调整？对于这一方面您觉得是否还存在问题，影响组织的运行？
命令链	组织成员要向谁报告？	
控制幅度	一个管理者能有效地直接监督多少人？	
分权与集权	决策权会落在什么地方？	
正式化	组织成员要遵守规定的多寡程度？	

对表2中六方面的调查发现：一是体制内法人组织的结构合理化程度相对较高，而体制外组织的结构合理化程度相对较低；二是体制内法人组织的规模相对较大，其功能性活动要正式的多，需要将组织划分为不同的功能性单位且将其制度化，而体制外组织往往因特定事件（如灌溉、暂时的互助、救灾）、或因兴趣（如旅游、养鸟）而生成，其功能活动相对简单、规模也相对较小，并不需要将组织设定为诸如财务、营销和执行等功能性的结构；三是无论何种社会组织都会为了适应环境变化而适当改变其组织结构，以实现组织的良性运行和组织功能。当然，在调查中还发现，体制内组织的结构更容易出现"僵化"现象，即不能应时而变，成为组织良性运行和组织功能实现的障碍性因素；相反，体制外组织则相对灵活一些。出现"僵化"现象的原因主要有：一方面体制内法人组织随着发展常常会患上"官僚病"，组织结构受到组织惯性的影响，或者因为惧怕"牵一发而动全身"引起组织动荡，因此其改变的速度和频率都相对较慢；另一方面受到政

府监督制度的影响，很多组织机构是政府所规定的，即使它可能不合时宜了，但仍"合法"存在。这种僵化的组织结构降低了社会组织的社会适应能力，因此提高组织结构的弹性是促进社会管理创新的题中应有之义。

（二）社会组织的管理模式与运作状况

社会组织的管理模式与运作能力是其管理绩效提升和社会管理功能实现的重要影响因素之一。关于社会组织的管理模式和运作状况，主要从三个方面考察（见表3）。调查结果显示目前社会组织的管理和运作模式存在三种取向：政府理性、国际理性和组织理性。

政府理性是指社会组织的运作主要面向政府，以政府的需求和理性取向为旨归，在运作中对政府的依赖性较高。政府举办的公益性社会组织大多属于此类。政府理性的管理和运作模式将组织运作的关注点倾注于政府，"做政府想做的，做政府喜欢做的"[①]，绝不触动政府设置的"雷区"；组织架构的设置、组织活动的开展基本上都与政府保持一致。相反，体现社会管理创新的"调查研究"、"整合社会个体，开展集体行动"、"政策建议、提案"、"培育基层组织，培育基本的公共空间"、"开展组织宣传，扩大联系面和影响面"等方面的活动相对较少。

国际理性是指社会组织的运作主要面向国外力量，以国外资金来源的理性取向为旨归，在运作中对国际力量的依赖性较高。靠国际非政府组织或国外资源支持的社会组织大多属于此类。由于其资源对国际因素的依赖程度较高，社会组织在活动项目上就难免受到国际因素的影响。无论是理论上还是实践上，国际因素都应按照中国的需要来帮助我国社会组织开展公共行动，但由于资金来源的单一性，使得我国社会组织在开展行动时不得"不围着国际组织转"[②]，其开展的项目未必适合我国的需求，甚至盲目地迎合国际非政府组织的项目拓展。

组织理性是指社会组织的运作主要按照组织章程和社会需求为旨归，根据组织章程和社会需求自主选择活动项目、开展资源整合行

---

① 被访者原话。
② 被访者原话。

动、调整组织目标、设置组织结构、协调组织内部的关系等，在运作过程中体现的自主性程度较高。客观地说，我国社会组织属组织理性模式的并不多。只能说，在政府理性和国际理性两种模式之外的社会组织更多倾向于组织理性模式。组织理性模式应为我国社会组织发展的方向。只有组织理性模式在实践上更加符合社会组织的特性——在政府之外，自主地整合资源、开展公共行动，形成一种自主的活动空间，以社会问题的解决、社会事务的处理和社会管理的创新为旨归，并根据这些功能性的要求自主调整自己的运作，科学、有效地实现组织应该承担的功能。换句话说，社会组织的内部结构、组织机制、行为模式、运作方式、行动领域和主体形态都必须与其功能相契合，而不是面向政府或者国际因素。套用某位被访者的一段话作为总结："社会组织的运行必须首先解决的问题是眼朝哪儿看、腿向哪儿走，否则极容易出现问题，尤其是容易出现朝'钱'看、朝'权'看等问题。在理论上，社会组织应该朝向社会对社会组织的功能性需求，朝向组织的科学化发展。"[①]

表3 社会组织的管理模式与运作状况考察指标一览表

项目一	问 题	选 项
社会组织对政府的需求的考察	需要政府或上级组织提供哪些方面的支持？（可多选）	不需要
		提供开展活动或进行信息交流的场所
		建立相应的体制和机制，使民众能够获得有关活动的信息
		提供开展活动所必需的设备、物资及其他硬件设施
		给予更多的独立空间和机会
		向一般民众进行宣传，促进社会对社会组织的理解、支持和参与
		提供财政支持和项目经费
		建立和完善对社会组织运行、发展的评估和表彰体系
		建立对社会组织运行中发生的意外事故等的保险制度
		组织和开展提高社会组织运作能力和功能实现能力的培训
		提供使民众能亲身体验和参与各种社会组织活动的机会
		提供有关政策、法律的支持
		其他（　　　　　　）

① 被访者原话。

项目二	问 题	选 项
活动开展情况的研究	开展活动的主要方式（可多选）	调查研究（收集资料、为有关部门提供信息） 提供资金、物资等援助 义演、义卖活动 宣传 培训、研修、训练 交流（县际、省际、国际等） 出版刊物或其他出版物（内刊也包括在内） 整合社会个体，开展集体行动 政策建议、提案 开展文艺体育活动 商业性活动 扩大联系面和影响面 设置经营实体 热线服务 培育基层组织，培育基本的公共空间

项目三	问 题	选 项
社会组织的管理形态的研究	贵组织符合下述权力的哪种	组织形态与其独立性（是否独立实体、办公设施条件等） 财务状况与其独立性（财务制度、是否独立核算、资金来源） 人员条件与其独立性（人员来源情况、专兼职情况、自主倾向、专业素质、管理制度） 组织运行与其独立性（项目来源、工作规划与总结的独立性、运行方式）

三、自然系统组织理论和行动者系统组织 理论视野下的社会组织

虽然自然系统组织理论和行动者系统组织理论属于不同的组织理论流派，处于组织理论发展的不同阶段，但它们都对组织与组织成员的相互塑造、相互影响较为关注。[①]

---

① 于显洋：《组织社会学》，北京：中国人民大学出版社，2009年版，第37-81页。

（一）社会组织成员的交往类型

调查结果显示，自组织的社会组织、发展初期的社会组织、互益性的社会组织①等内部成员交往的类型主要是"事业共同体"性的，有如下特点：一是成员间的情感交往相对较多，相互信任度较高，促成交往、形成关联网络的主要因素是成员间的互相信任和情感。二是成员对组织的认同度较高，即便组织前景可能并不乐观，但成员互相拥有的信任和情感关系能使他们主动协调个体目标和组织目标，促进组织发展。三是成员对组织内部的权威认同度较高，社会组织的"领头人"在组织的运行、发展中具有较大的权威。四是组织成员间交往的制度化程度不高。五是这类社会组织的成员关系往往会形成一个相对封闭的"圈子"，组织内的"我们"的观念和与组织外的"他们"的观念对比鲜明。

他组织的社会组织、较为成熟的社会组织、公益性的社会组织等内部成员交往的类型主要是"科层组织"性的，有如下特点：一是社会组织成员间的情感交往相对较少，相互信任度也较低，促成交往、形成关联网络的主要因素是成员间的工作需要和组织机构的制度性关系。二是成员对组织的认同度差别较大。若组织运行良好、工资待遇较高、成员关系较好、人事关系不是十分复杂、组织的人性化程度较高的，该社会组织成员对该组织的认同度较高，否则较低。但需要承认，我们主要研究的几类社会组织成员对其组织的认同度情况在整体上并不乐观，这与我国社会组织整体发展滞后有关。三是成员对组织内部的权威的认同度也存在较大差别。这与社会组织管理者的风格、能力、组织的财务状况等关系密切。四是组织成员间交往的制度化程度较高。成员间虽然也有一些情感方面的交往，互相信任和互相吸引的现象也存在，但这些现象

---

① 在论述前，需要强调指出，我们在研究时仍然是按照第一部分的分类开展研究的。但是，我们的调研结果显示第一部分的分类并不能很好地表示结果。或者说，第一部分的分类框架无法很好地解释调研结果，所以这里采用的是另外一些分类框架。一是自组织的社会组织和他组织的社会组织。前者是指社会组织由社会个体主动发起成立，而不是由其他主体（如政府、国外力量）发起成立；后者则是由其他主体发起成立，而非成员自组织的结果。二是公益的社会组织和互益的社会组织。前者的公益性范围较小，常常局限于组织成员内部；后者的行动指向却不局限于组织内部，而是以整个社会的公共利益的实现为组织目标。三是发展初期的社会组织和较为成熟的社会组织。前者是指社会组织成立时间不久，规章制度、组织构架尚未完善，组织功能和行为领域、组织文化尚处于探索阶段，组织规模相对较小；后者则恰恰相反。

更多存在于为数较少的组织成员间。社会组织成员间的交往更多是制度化的，因社会组织的"层级链条"，成员间的职位关系、权责关系、管理与被管理关系而形成。五是这类社会组织成员关系也常常会形成一个相对封闭的"圈子"，组织内的"我们"的观念与组织外的"他们"的观念对比不是十分鲜明。但不同的社会组织成员间对于组织内部的人际关系、组织成员的工资待遇、社会地位、发展前景等内容进行比较的情况很常见，且常常有"这山望着那山高"的情形，"社会组织的成员常常用这种比较来批判自己所在的社会组织"[1]。六是此类社会组织成员间的互动程度较浅，也较为短暂，常常是"因事儿而交往，事毕则交往暂时搁浅"[2]；成员间互动的方式较为单一，互动的领域也更为狭窄。可以说，在正式的制度领域之外，组织成员间较少有广泛、稳定的交往。

（二）社会组织发展与组织成员间的关联程度

通过对被访者（社会组织内的工作人员或成员）的调查结果的分析，可以较为清晰地得出如下结论：自组织的社会组织、发展初期的社会组织、互益性的社会组织等的工作人员或成员往往对组织的认同感较高，认为组织能够给自己带来"收益"——依靠社会组织开展自我服务；利用社会组织的网络结构，扩大交流，增长才干；通过社会组织获取信息、激励、自我表达、彼此了解和密切联系的机会以及社会支持、归属感和相互帮助（如网球协会、棋类聚乐部和各类QQ群等）；通过社会组织的集体行动所产生的互信、互惠、规范等降低成员间的交往成本（如骑友会、踏板车爱好者协会、外来务工者协会）；通过社会组织的公益行为获得声望、实现自我等。[3]

相反，他组织的社会组织、较为成熟的社会组织、公益性的社会组织等的内部成员对组织发展和自我之间的关联程度的评价情况不是十分乐观。当然，出现这一结果的主要原因是这类社会组织的规模较大，成员参与其中更多是在"获取一份工作，其日常行为更多是在发挥一个组织节点的作用，目的在于完成某种工作。一句话，参与组织

---

① 被访者原话。
② 被访者原话。
③ 由被访者谈话整理而成。

是为了谋生。"①也就是说,谋生是社会组织对成员的最大影响,帮助自己更体面地谋生便是组织发展对自己的主要关联,组织发展的目标主要定位在"使自己生活得更好"②。不过,也不能否认,有些被访者仍然把这类组织视为自己的事业,"把组织发展和组织功能的实现视为自己生命的一部分"。③有此类观点和提法的被调查者大多是社会组织的管理者,他们能够看到组织发展给自己带来的影响,因此把社会组织发展视为自己的事业,视社会组织发展与自我发展为"紧密相连的"、"相互依存的"④。

虽然社会组织发展与组织成员发展之间的关联度与组织规模、组织发展程度甚至与国家的宏观政策密切相关。但有理由相信,提高组织成员对于社会组织发展的期待程度和迫切程度,使成员为了社会组织的发展而积极主动地、持久地努力,并与相关者良性互动、密切合作,是非常必要的。这需要提高社会组织的内部管理水平,尤其是提高内部管理的人性化水平,让每一个成员都感觉到自己真的是社会组织这一"事业共同体"的成员⑤。

四、开放系统组织理论视野下的社会组织

开放系统组织理论的基本观点是:组织的成长、发展与转型等都与它所处的环境密切相关,把社会组织视为一个独立的行动单元,与环境要素发生着各种关系。因此我们考察、分析中国社会组织与其环境的互动关系。

(一) 社会组织的制度环境

中国社会组织的制度环境主要由宪法、普通法律、行政法规、党的政策和其他非正式规则等五个组成部分。⑥目前中国社会组织制度环境的主要特征有以下两方面。

---

① 被访者原话。
② 被访者原话。
③ 被访者原话。
④ 被访者原话。
⑤ 郭于华,等:《事业共同体:第三部门激励机制个案探索》,杭州:浙江人民出版社,1999年版。
⑥ 俞可平:《中国公民社会的制度环境》,载《中国社会科学》2006年第1期。

1. 鼓励和约束并存

鼓励表现在两方面：一是宪法和党的基本政策都对社会组织持积极的肯定态度，这为社会组织的存在和发展奠定了最高的合法性基础①。二是20世纪80年代以来中国在政治体制方面发生的许多重大变革，直接或间接地促成了社会组织的发展。如，公民自由活动的空间前所未有地增大；政府开始转变职能，实施社会管理体制改革，大幅度放权，在许多领域，政府不再履行直接的管理职能，而将这些职能转交给相关社会组织②。这些都为社会组织发展以及社会组织参与社会管理创新提供了机会。

约束表现在三方面：一是党和政府在现阶段强调稳定压倒一切，而社会组织在某些方面确实是一种政府之外的多元化的甚至是离散性的行动力量，为社会张力的扩大添加了风险。因此，党和政府尤其是基层党组织和政府对其采取谨慎性态度，往往秉持"宁可少一事不可多一事"③的政策观念。二是双重管理、分级登记、限制竞争和限制分支的管理模式。《社会团体登记管理条例》和《民办非企业单位登记管理暂行条例》是目前关于社会组织的最重要的法规。这两个条例确立了中国政府管理社会组织的基本框架，即"分级登记、双重管理"和"限制竞争、限制分支"的管理模式，这在相当大程度上提高了社会组织的准入门槛。三是政府有关部门直接针对社会组织的法规的基本导向就是对社会组织进行控制和约束。"例如，从中央到地方各级民政部门单独或联合颁布的相关法规，绝大多数都是管制性规定，很少有鼓励性的条款。"④对社会组织的名称、机构、场所、人数、经费、章程和主管部门等都有极为严格、详细的规定。如，按照管理法规，社会组织只能在特定的地域范围活动，也只能从事登记核准的活动，否则便视同非法。

2. 制度剩余与制度匮乏并存⑤

制度剩余是指关于社会组织的制度规定存在大量重复、交叉和繁

---

① 俞可平：《中国公民社会的制度环境》，载《中国社会科学》2006年第1期。
② 俞可平，等：《中国公民社会的兴起与治理的变迁》，北京：社会科学文献出版社，2000年版，第196–198页。
③ 被采访者原话。
④ 俞可平：《中国公民社会的制度环境》，载《中国社会科学》2006年第1期。
⑤ 参见俞可平：《中国公民社会的制度环境》，载《中国社会科学》2006年第1期。

琐的现象。主要表现在:

第一,对许多社会组织的管理,不仅有国务院的《社会团体登记管理条例》和民政部颁行的实施细则,而且还有民政部与其他部委联合颁布的管理规定,或者由各部委单独制定的管理规定;一些地方政府也制定本地管理社会组织的实施办法,不仅省级政府或省级政府主管部门有各种"细则"和"规定",而且地市级政府,甚至区县级政府也有各种"办法"和"意见";不仅政府民政管理部门和业务主管部门制定了众多的法规、条例和规章,而且各级党委和政府也根据需要时不时地发布一些重要的规范性文件和政策措施。

第二,政府民政主管部门与业务主管部门对同一社会组织的管理职能重叠。按照现行的《社会团体登记管理条例》规定,社会组织的登记管理机关的监督管理职责有三项:负责社会团体、民办非企业单位的成立、变更、注销登记;对社会团体、民办非企业单位、基金会、境外基金会代表机构实施年度检查;对社会团体和民办非企业单位违反条例的问题进行监督检查,对违反条例的行为给予行政处罚。社会组织的业务主管单位的监督管理职责有五项:负责社会团体和民办非企业单位成立、变更、注销登记前的审查;监督、指导社会团体和民办非企业单位遵守宪法、法律、法规和国家政策,按照章程开展活动;负责社会团体和民办非企业单位年度检查的初审;协助登记管理机关和其他有关部门查处社会团体和民办非企业单位的违法行为;会同有关机关指导社会团体和民办非企业单位的清算事宜。不难发现,上述职能有明显的重复。这不仅是制度资源和政府执政资源的极大浪费;而且事实上,"制度剩余"也未必能增强政府对社会组织的领导能力,相反,往往会削弱其管理能力。制度设计的初衷是实行双重审核和双重负责的"双保险"机制,但实践证明,监管职责的交叉重复易于导致相互推卸责任,出现监管漏洞。

制度匮乏是指关于社会组织的监督和管理存在着许多真空地带。表现有:一是缺乏管理社会组织的一般性法律。目前管理社会组织所依据的主要是国务院的几个《条例》,它们是法规而不是正式的国家法律,仅有的几个涉及社会组织管理的正式法律,如《中华人民共和国工会法》等,也多半是专门法,中国至今没有一部管理社会组织的"母法"。二是缺乏针对性和操作性的法规。如缺乏针对行业协会、专业性社团以及志愿者工作的分门别类的管理法规。[①]

（二）社会组织的社会环境：社会认同

本课题选取芜湖市所辖的区、县，并采取偶遇抽样的方式访谈了500余名普通民众，对他们进行问卷调查以获取普通民众对其认同程度。结果发现，社会组织的社会认同度并不高，26.1%认为社会组织可以在他们遇到困难时给予帮助，仅有11.0%的被调查者在遇到困难时愿意向社会组织求助。相反，亲戚、朋友、邻里的帮助更被被调查者所看重，达60%以上。

我们在访谈过程中还设置了一个问题："请您列举您听说过的、发挥了较大作用或者说可以发挥一些作用的社会组织的名称"被访者90%以上都能列举一些社会组织，但通过统计分析，他们所列举的社会组织绝大多数属于8大人民团体和25家免登记社团；只有约20%的被调查者提到了当地的养老机构、儿童福利机构、特殊教育学校、志愿服务组织、农业合作组织以及一些互益性的协会。相反，在我们问到"请您列举一些您较为熟悉的或者对您的日常生活起到较大影响的企业名称"时，被访者的回答五花八门，不仅类型繁多（国企、私企、外企、个体企业），而且被列举的企业从事的领域也是各式各样（日常生活、重工企业等）。在我们问到："请您列举一些您较为熟悉的或者对您的日常生活起到较大影响的政府部门"时，被访者的答案也具有较高的离散性，包括民政、教育、水利、财政、社保、医疗卫生甚至国防、公安、司法、法院、检察院、外交等。

上述结果说明普通民众感受不到一般社会组织的功能性影响，这在很大程度上影响其社会认同度。

（三）社会组织的环境适应能力

社会组织的环境适应能力，即社会组织根据自己在特定环境中的定位来选择适合自己的行为模式的能力。社会组织是一种社会力量，理想的社会组织不仅需要发挥自我管理、自我服务和自我整合的功能，同时还需承担起"空间再造"和"关系再造"的性质定位：一方

---

① 朱晓明：《中国社会组织生存发展的法律环境研究》，载《浙江社会科学》2004年第3期。

面是为了在体制之外构建起一个自我管理、自我整合和自我服务的行动空间;另一方面也是为了在体制之外建立起一种与党政部门以及与社会个体开展良性互动、协同治理的组织载体,与党和政府建立起一种合作伙伴关系来共同面对社会管理领域中的公共问题,借此改变改革开放前行政体制囊括一切的格局。但目前社会组织"眼睛朝上看得多,朝下看得少"[①],致使普通民众并没有感受到社会组织的功能。这意味着社会组织的定位存在问题:更多关注的是与党和政府的关系,而与服务的接受者——普通百姓之间的联系并不多。

也就是说,社会组织的运作更多遵循"权威逻辑",而"功能逻辑"的影响较弱。社会组织作为新型组织机制的出现是适应环境的结果。新型组织机制在功能上必须能够适应新的环境,通过组织整合、共同价值观的塑造等维持系统的秩序和动态平衡;同时,为了实现这种功能,新型系统必须在性质上适应新功能的要求,其内部结构、组织机制、行为模式、运作方式和主体形态等都必须与新功能相契合。但据调查,很多社会组织仍然痴迷于"体制",对体制有着较强的依赖性,不愿意寻找新的活动空间;也有社会组织沿用传统的行政化的运作方式,而不愿意也不善于采用市场化的方式运作。总之,社会组织本身的系统构成及其运作存在的问题,无法适应新形势的发展,这主要指的是体制内的社会组织。不过,体制外的社会组织又常常走向另一个极端,制度化程度相对较弱,这容易使其服务的可持续性降低,不具备发展潜力。

当然,无论何种类别的社会组织都会与环境之间产生"互相型塑"的复杂关系。我们根据"开放系统组织理论",从"环境影响组织"与"组织对于外部影响的反应"两个角度对有关社会组织的工作人员开展了访谈(如表4所示)。结果显示,外部环境确实通过各种方式渗透到社会组织的运作过程中,并"迫使"社会组织采取不同形式的"反应"。但不难发现,对于社会组织影响更多的外部环境因素是政治性的、制度性的,也就是说环境影响社会组织的逻辑属于"权威逻辑";相反,"模仿性行为"、"社会规范机制"的影响相对弱一些。尤其需要注意的是,社会管理所体现的"公平"、"正义"、"参与"和

---

① 被访者原话。

"助人自助"等社会规范机制的影响力相对较弱。而这些"规范"实际上是社会组织对于社会管理创新的本质意义之所在，也是社会组织对于社会管理应该担负的主要功能。因此，环境因素对于社会组织的影响并没有遵循"功能逻辑"——为满足功能（社会需求）而开展行动，发展或改革组织的理念、制度和结构等。

权威逻辑强于功能逻辑在社会组织对于环境压力的回应行为方面也得到体现，如，反映权威逻辑的"趋同化现象"、"将形式与内容分开"的行为较为普遍；而反映组织间互相学习的"相互模仿和学习"次之；反映"功能逻辑"的"巴纳德式的变革"、"迎合社会功能"就弱的更多。

表4　社会组织与社会环境的互动情况（n=31）

主要目标	主要关注点	肯定回答的比例
环境对社会组织施加的压力，即外部环境如何作用于社会组织	"强迫选择机制"的影响，即社会上存在着一些强制性的规范，社会组织需被动接受，如法律制度、行业规范	93.55%
	"模仿性行为"，即面对环境压力，社会组织往往会模仿同一领域中成功组织的做法，以降低环境压力及其带来的不确定性	80.65%
	"社会规范机制"的影响，即社会规范使人们产生一种共享观念或共享思维，这种观念或思维不知不觉中约束着人们以及人们的组织行为	74.19%
社会组织为回应压力获取合法性而采取的行动	"趋同化现象"，即为了得到制度环境的认可，每个社会组织都采取类似的结构和做法	93.55%
	"相互模仿和学习"，即为了减轻环境给社会组织带来的影响，各组织间会相互观察和学习，这会导致趋同化现象	87.10%
	"将形式与内容分开"，即当取得合法的资源与取得效率的资源之间发生冲突时，组织很可能会采取"上有政策，下有对策"的方式	90.32%
	"巴纳德式的变革"，即将组织视为"目标—信息沟通—成员协作意愿"的有机系统，通过信息沟通的改善、组织结构的变革促使成员协作意愿和协作效果的提升，最后实现组织目标	80.65%
	"迎合社会功能"，即在制定组织目标，开展组织变革，实施组织决策时都以组织的应有功能为最高评判标准，视社会功能的实现和社会公共需求的满足为最高价值取向	70.97%

五、结论与建议

(一) 结　论

社会组织是公民社会领域内的主体性要素，社会管理创新的应有之义之一便是促进社会组织的发展，促进社会组织社会管理功能的充分、有效发挥。从组织社会学理论来看，社会组织社会管理功能的实现需要有以下三方面的保证：一是社会组织要具备理性系统组织视野下的基本特征，如，具备科学、合理的社会组织结构；在社会组织生成、运作、发展的过程中有较为完善的制度体系，其生成、运作的制度化程度较高；拥有科学的管理模式，社会组织的管理和运作模式应朝向"组织理性"模式发展，而适当减少"政府理性"和"国际理性"模式的影响。二是社会组织要具备自然系统组织理论和行动者系统组织理论视野下的基本特征，如，社会组织成员间的良性互动，社会组织发展与社会组织成员本身发展之间存在着较高的关联程度，组织成员能够将社会组织的发展与自身的发展融为一体。三是社会组织要具备开放系统组织理论视野下的基本特征，如，与制度环境、社会环境和国际环境等良性互动；在回应外部环境压力时，应该更多遵循"功能逻辑"，而不是以"制度逻辑"为主。

研究发现，我国社会组织取得了一定程度的发展，在社会管理和社会管理创新方面发挥了一定的作用；通过社会组织的发展实现社会管理创新在很大程度上得到了各界的认可。但不可忽视的是，我国社会组织在很多方面还存在问题，诸如：（1）"组织理性"的重要程度要弱于"政府理性"和"国际理性"。（2）组织成员间的关联模式有待改进；组织成员对社会组织发展的期待程度和迫切程度有待提高。（3）社会组织的制度环境存在诸多矛盾性的特征，如鼓励和约束并存，制度剩余和制度匮乏并存；社会组织的社会认同度并不是很高，在普通民众中的影响较小，与政府、与企业开展合作的空间有待拓展；社会组织的环境适应能力有待改善，社会组织的运作更多遵循"权威逻辑"，而"功能逻辑"的影响较弱，等等。

（二）建　议

1. 强调两方面的理念

一是提高社会组织的数量。无论是整个国家社会管理体系的发展和完善，还是社会管理创新本身的要求，都需要以一定数量的社会组织为依托。社会组织是社会管理体系的完善和社会管理创新本身的组织基础。

二是提高社会组织的质量。社会组织对于社会管理创新的意义主要体现在其社会管理功能的实现之上，而社会组织社会管理功能的实现不仅要以一定数量的社会组织存在为基础（组织基础），更要以社会组织的社会管理能力为基础（能力基础、质量基础），组织基础和能力基础缺一不可。

2. 社会组织数量和质量的提升需要公共权力领域、公民社会领域和公民领域三方共同"给力"

首先，通过公民社会领域的扩大与发展实现社会再造。应从体制外领域的内部因素上来说明公民社会领域的发展路径问题，通过社会再造提高社会的自主性，以使社会组织在主体性上真正达到与政府"协同治理"的要求。从本质上看，社会自主性格就是蕴藏于主动获得活动空间过程之中的一种行为倾向。表现在：一是社会组织在与其他主体交往过程中表现出来的独立性，即社会组织的行动是在相关法律规范下相对自主的。作为一种主体性的存在，社会组织是不依附于外部主体的，自己有着争取自由支配空间的冲动，并且事实上是有能力自主行动、开展社会公共服务、参与社会管理的。独立性是社会组织自主性的基础性表现，也是衡量社会自主与否的基本指标[①]。二是在整个社会管理网络中，社会组织与其他行动主体的交互主体性。"交互主体性"意识的强化是自主性形成的关键，是指在平等的主体间的关系中，双方互相把对方看做是平等的主体，对方不依附于"我"，"我"同样不依附于对方，能够在平等、互惠、互助和合作的基础上开展行动。上述两方面不仅仅是社会组织的运作"理念"，更应是社会组织开展社会管理时的具体实践理性。即，体现在"组织理性"，而不是"政

---

① 李军，等：《中国语境中的非政府公共组织》，载《西北大学学报》（哲学社会科学版）2006年第3期。

府理性"或"国际理性"；体现在"功能逻辑"而不是"权威逻辑"。简言之，社会组织的运作不应该专注于"权"和"钱"，而应该专注于社会问题，专注于自身在社会管理领域、在普通民众的日常生活中的影响，并通过组织功能的实现扩大这种影响，提高社会的认同度。

其次，提高公民个体的公共精神，这是社会组织数量提升的重要基础。从社会组织的产生看，它源于社会成员的自觉性和志愿性参与，因此它与社会文化特质和行为意识有着更直接且密切的联系。因此，社会组织的发展在公民个体层面需要做到两点：一是加强对社会责任规范的宣扬。按照社会规范理论的解释，个体的公共行为是将社会赞许、提倡和肯定等规范准则在学习过程中内化为自己的行为模式和心理倾向的结果。通过制度化的结构性机制对参与社会组织的行为、组建社会组织参与社会管理的行为（以社会管理领域为活动领域而非其他）予以激励，有助于提高主动者的价值感受，进而提高个体实施参与和组建社会组织的机率。[1]二是提高公民自由、平等、民主的政治权利意识，使公民明白只有积极主动地参与社会组织、社会管理，才能有效地治理公共事务，维护公共利益，提升社会管理绩效。

最后，党和政府的行动支持是促使社会组织数量和质量发展的保证。党和政府的支持主要应该包括三方面：（1）党和政府对于社会组织参与社会管理的态度需要从"宏观支持"走向"微观支持"。从理念走向具体的行动：一是让渡一些活动空间，把可以给社会组织发挥作用的领域留给社会组织，这是空间的赋予；二是通过民营化、合同承包、税式支出、政府保险、用者付费、特许经营和凭单制等方式，将社会管理服务"交给"社会组织，这是功能的赋予；三是正视社会组织为自主的行动主体，而不是自己的"帮手"或"附属"，在此基础上，与社会组织开展合作，相互学习，这是主体性的赋予；最终实现由纯粹的管理导向转变为以平等合作、交互自主为导向，社会组织对公共事务的参与由主动争取变为政府的主动约请，这是对社会组织参与公共治理的认可和鼓励，实现由"权威逻辑"到"功能逻辑"的转变。（2）法律法规上支持。一是"在分类的基础上降低门槛"，建议出台社会组织单行法，在这一单行法中对社会组织采取分类管理，并在

---

① 安建增：《社会个体参与公共卫生服务体系的人性基础》，载《中国卫生事业管理》2008年第9期。

分类管理的思路下根据其功能和活动领域的不同对其采用不同的准入制度、监管制度、财务制度和法人制度等。对于那些以社会管理为活动领域的社会组织类型给予支持，降低现行的准入门槛。当然，对于那些"问题领域"的社会组织，则采取"严格、谨慎的"准入门槛。二是"降低门槛的同时加强监管"。对于社会组织参与社会管理的过程给予严格规制，从政府监管、（社会组织）行业自律、组织自治和社会监督等多方面予以规制，确保其廉洁、高效。这需要在政府监管、（社会组织）行业自律、社会组织内部自治、社会监管（舆论、捐赠者、利害相关者）等方面制定更为详尽的制度，使不同监管主体能够方便、顺畅和快捷地实施监督。当然，监管不是介入运行，不能将监管视为"官僚式"的层级节制。（3）发挥政府"元治理"的角色，扶助社会组织转变运行模式。社会组织实现"权威逻辑"向"功能逻辑"的转变、实现"政府理性"、"国际理性"向"组织理性"的转变，社会组织社会认同度的提升，社会组织内部人际关系的优化等，都需要社会组织本身运作能力和社会适应能力的提升。因此采取一些必要的措施提升社会组织发展的质量显得至关重要，诸如，通过促进社会组织的交流和互相学习；通过对社会组织管理人员的培训；通过对社会组织榜样的宣传，等等。

我国学术类社会团体的现状、改革与管理研究[①]

何晔，等[②]

摘要：本文对我国学术类社团的整体发展状况、功能合法性、运作合理性和外部适应性进行了阐述。促进学术类社团的健康发展，政府等体制内主体需要采取的措施有：高起点预期；完善行为规范；设立特别资助项目；纳入政府采购范围；健全财会和审计制度；完善配套制度；推动学术类社团的职业化建设；减少直接干预，搭建自主空间；扩充学术类社团的责任范围。学术类社团自身需要进行的改革有：明确自身功能定位和性质定位；加强学术类社团的制度化建设；进行必要的合并重组；加强学术类社团与其他社团、学术类社团与市场的联系；提高社团运作的合理性。

关键词：学术类社会团体；改革；管理

学术类社会团体（以下简称"学术类社团"）是指为了满足成员对知识增长、专业学习、学术发展的需求，专门以加深学术研究（科学技术、人文科学、哲学社会科学）、提高学术水平、增进学术交流、促成学术创新为目的的社会团体。本文对我国学术类社团的整体发展状况、功能合法性、运作合理性和外部适应性进行阐述，在此基础上对学术类社团的改革与管理提出对策建议。

---

　① 此文原载于王建军、廖鸿主编：《2012年中国社会组织理论研究文集》，北京：中国社会出版社，2013年版，第65-85页。

　② 该项目由何晔主持，参与人有徐彬、安建增、刘长生、卢建英、苏霞、蔡清清、徐海婷。

一、学术类社团的综合发展情况

由于学术类社团种类繁多、数量庞大、分布广泛，对其数量和每年的发展速度进行全面、准确地分析几无可能。因此，这里仅根据民政部近些年公布的《民政事业发展公报》，对学术类社团的发展状况做一统计分析。

表1　学术类社团年增长情况一览表

年　度	2005	2006	2007	2008	2009	2010	2011
学术类社团数量（万个）	3.964	4.078 1	1.761 5	1.936 9	1.978 6	1.949 4	1.912 6
年增长率	——	2.9%	——	1.0%	2.2%	−1.5%	−1.9%
社会团体数量（万个）	17.1	19.2	21.2	23.0	23.9	24.5	25.5
占社会团体比例	23.2%	21.2%	8.3%	8.5%	8.3%	8.0%	7.5%
社会组织数量（万个）	32	35.4	38.7	41.4	43.1	44.6	46.2
占社会组织比例	12.4%	11.5%	4.6%	4.7%	4.6%	4.4%	4.1%

资料来源：根据2004—2009年《民政事业发展统计公报》，2010-2011年《社会服务发展统计公报》计算所得。

表2　学术类社团年增长与社会团体增长情况比较一览表

年　度	2005	2006	2007	2008	2009	2010	2011
学术类社团数量（万个）	3.964	4.078 1	1.761 5	1.936 9	1.978 6	1.949 4	1.912 6
年增长率（%）	——	2.9%	——	1.0%	2.2%	−1.5%	−1.9%
社会团体年增长率（%）	11.8%	12.3%	10.4%	8.5%	3.9%	2.5%	4.0%
社会组织年增长率（%）	10.7%	10.6%	9.3%	7.0%	4.1%	3.5%	3.7%

资料来源：根据2004—2009年《民政事业发展统计公报》，2010-2011年《社会服务发展统计公报》计算所得。

表1、表2显示，我国近年来学术类社团的发展速度并不快，远慢

于社会团体和社会组织的整体发展速度,而且出现了"负增长"的现象。除了统计口径①变化、学术类社团合并以及很多新组织注册为"民办非企业单位"之外,还有更为深层次的原因。

(一) 从学术类社团本身的性质来看

学术类社团的服务群体主要是会员——科研工作者。科研工作者数量相对有限,同时以学科门类来确定归属,并据此启动、设立学术类社团。学术类社团在经过一段时期的快速发展后,容易出现相对饱和的情况——新的学科门类的出现速度要远远低于学术类社团的发展速度。因此,经过新中国成立以来几十年的发展,学术类社团在近些年的发展速度开始逐步放缓。

(二) 从社会团体的形成机理来看

社会团体的形成主要得益于功能性需求和支撑性要素两方面的影响 (如图1所示)。对于学术类社团而言,在计划经济时期,党和政府等体制内主体的需求与支持成为其形成、发展的主要动力源;在市场经济蓬勃发展的今天,体制外的社会多元化需求与支持成为了学术类社团形成、发展的重要动力源。据有关学者统计,学术类社团在计划经济时期发展迅速。即,在党和政府等体制内主体的需求和支持为主动力源的情况下,学术类社团得到了较好的发展。如,在1949年新中国成立之前就成立的全国性社团中,至今仍存在的主要是学术类社团,约占77.8%;全国性社团发展的几次高潮中,1962–1963年,新成立的学术类社团约占新增全国性社团的66.7%;1979–1980年,新成立的学术类社团约占新增全国性社团的81.9%。②这说明学术类社团与体制内主体的功能性需求较为契合,在体制内主体的需求和支持为主动力源的情况下得到很快的发展。因此可以说,囿于学术类社

---

① 2006年与2007年学术类社团数量的差异,主要是统计口径改变而产生的。在2006年以前,社会团体的统计分类为"专业性社团"、"行业性社团"、"学术性社团"、"联合性社团"。2007年以后,社会团体的统计分类更加细化,分为"工商服务业类"、"科技研究类"、"教育类"、"卫生类"、"社会服务类"、"文化类"、"体育类"、"生态环境"、"法律类"、"宗教类"、"农业及农村发展类"、"职业及从业组织类"、"国际及其他涉外组织类"和"其他"。

② 王名,等:《中国社团改革:从政府选择到社会选择》,北京:社会科学文献出版社,2001年版,第74–79页。

团本身的性质特点，其在体制外的社会多元化需求与支持充分发育之前就得到了发展，并逐渐趋于饱和。所以，就容易出现学术类社团的发育同体制外社会多元化需求与支持的发育并不协调的情形。

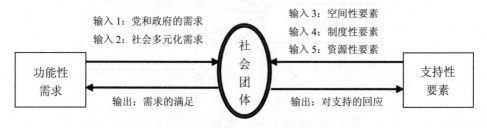

图1　社会团体形成机理模型示意图

资料来源：王名等：《中国社团改革》，北京：社会科学文献出版社，2001年版，第161页。有改动。

（三）从社会团体生成的示范程度看

社会团体的生成和发展具有"乘数效应"——社团A的形成和作用的发挥会产生很强的示范作用，会诱致社团B、社团C等其他一系列社团的启动、设立。这种乘数效应同样也发生在全国性社团和地方性社团之间。有两种路径①：一是"喷射状"路径（见图2），即先出现全国性社团，然后在行政命令和政治示范的作用下促使地方性社团的发展；二是"折射状"路径（见图3），即在某一地区先根据需求而成立地方性社团，然后引起中央重视，导致全国性社团出现，而后又出现"喷射状"现象。全国性社团与地方性社团之间相互示范的乘数效应也具有统计显著性。有学者的计算结果证明了这一结论（详见表3）。据估算，由于我国学术类社团受体制内需求和支持动力源的影响程度较大，省级社团与全国性社团的相关性更高一些，在0.85至0.90之间。因此，学术类社团在全国与地方、地方与地方之间的相似率较高。学术类社团的这种特性使得其在早期发展较快，需要成立的、能够成立的早就成立了。

---

① 王名，等：《中国社团改革：从政府选择到社会选择》，北京：社会科学文献出版社，2001年版，第92-93页。

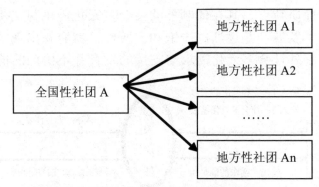

图2　社会团体生成的"喷射状"路径示意图

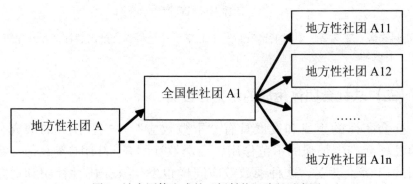

图3　社会团体生成的"折射状"路径示意图

表3　省级社团同全国性社团的相关系数

类型	合计	上海	广东	黑龙江	湖北	云南	甘肃
省级社团同当年全国性社团的相关性	0.828	0.652	0.780	0.878	0.824	0.870	0.792
省级社团同上年全国性社团的相关性	0.837	0.691	0.828	0.833	0.802	0.889	0.790
省级社团同下年全国性社团的相关性	0.791	0.697	0.793	0.760	0.744	0.820	0.735

资料来源：王名等：《中国社团改革》，北京：社会科学文献出版社，2001年版，第94页。有改动。

（四）从促成社团形成的个体思维逻辑来看

社会团体的形成在很大程度上表现在具体的个体行为。在奥尔森（M.Olson）看来，理性个体会因为"搭便车"倾向而不会成立具有公共性的社团。不过，奥尔森强调小集团的集体行动具有相对较高的初始可能性，因为成员较少，担负成本的个体在集团行动收益中所占份额较大；并且，因成员较少而使得集体行动的总成本较少，这时个体在集体行动之后的获益可能会超过他的成本付出。[①]学术类社团往往针对某一学科甚至是分支学科而开展服务，其潜在会员群体相比社会服务类、生态环境类社会团体而言要小的多。因此，学术性社团的初始可能性是最高的。同时，学术性社团的潜在会员是科研人员，属于"优势群体"。优势群体不仅人数少，而且其自主性程度较高，资源整合和动员能力也相对较强。"这使得优势群体在集体行动方面比其他群体更有效率"。[②]这也说明了学术类社团发展与经济社会发展速度并不协调的原因。

综上，受体制内主体需求和支持影响较大，学术类社团发展起步较早；且受到学科门类有限的限制，学术类社团在近些年发展"后劲不足"，与市场经济的发展并不成正比，与其他种类社会团体的迅速发展态势并不协调——其他类型的需求更容易随着总体性社会转型和市场经济发展而呈多元化趋势，并随着市场经济的深化而快速发展。可预知，随着经济社会的发展，我国的社会组织、社会团体数量会进一步快速发展，而学术类社团却不会与之一致，将持续呈平稳态势发展。从这一结论看，关于学术类社团改革和发展的方向不是如何培育新的学术类社团，促进学术类社团数量的提升，而是提高现有学术类社团的运作能力，充分、合理发挥其应有功能。

二、学术类社团的功能合法性及其问题

（一）学术类社团发展状况的整体评价

在问到"您对贵社团发展状况的整体做如何评价"时，受访者回答"非常好"、"好"、"一般"、"差"和"非常差"的分别占6.9%、42.2%、49.1%、0.9%和0.9%。可见，被访者对学术类社团发展和功能发挥的整体情况看好，说明我国学术类社团的发展和功能发挥情况较

---

① ［美］奥尔森：《集体行动的逻辑》，陈郁等译，上海：上海三联书店、上海人民出版社，1995年版。

② 王名，等：《中国社团改革：从政府选择到社会选择》，北京：社会科学文献出版社，2001年版，第118页。

好。当然,有近一半被访者选择中性回答"一般"。说明学术类社团在功能合法性、运作合理性和环境适应性等方面还有待提高和改进。

(二)学术类社团的功能预期与实际功能之间的判断

我们给出了七个关于学术类社团功能优势和功能定位的命题,由被访者分别从应然和实然两方面进行判断。调查结果显示(表4),被访者对学术类社团的功能期待还是比较高的。除了C之外,其他命题选"很赞同"、"赞同"的比例都远超过了50%。对于学术类社团的"实际功能判断",结果与"功能期待"相比差别不是很大,排序完全相同,仅仅是选择比例有些差别(赞同程度降低)。"实际功能判断"与"功能期待"赞同程度排序一致,且赞同比例差异不大。

但仍需重视两点:一是C似乎"格格不入",在功能期待和实际功能判断两方面都是较低的赞同率。这说明,我国学术类社团在内部机制和组织效率、运行体制等方面有很多不尽如人意之处。二是在实际功能判断上,选"一般"的比例明显增加。实际功能判断比功能预期选"一般"的被访者,除C比例差仅有1.7%、F比例差只有2.6%之外,从A到G其他五个命题,比例差分别为12.0%、8.6%、10.3%、7.8%、17.9%。在实际功能判断方面,选择"不赞同"和"很不赞同"的被访者也占有一定比例,从A到G七个命题的不赞同率分别为3.5%、3.5%、11.2%、2.6%、4.3%、7.7%和1.8%。这说明,我国学术类社团的实际功能合法性仍然受到挑战,需要通过运行合理性、环境适应性等的提升来弥补。

表4 被访者对学术类社团功能定位判断一览表(n=116)

对于学术类社团的判断		您的认可程度					合计
	选项	很赞同	赞同	一般	不赞同	很不赞同	
A.相对政府组织和市场机制而言,学术类社团在很多方面具有独特的组织优势,正是基于这些优势,学术类社团的生产和发展具有了现实必要性	功能期待	21.6%	63.7%	13.8%	0.9%	0	100.00%
	实际功能判断	12.9%	57.8%	25.8%	2.6%	0.9%	100.00%
B.与政府和企业相比,学术类社团具有推动科技发展、原始性创新的突出优势,能够促进研究发展	功能期待	15.5%	56.9%	26.7%	0.9%	0	100.00%
	实际功能判断	5.2%	56.0%	35.3%	2.6%	0.9%	100.00%

对于学术类社团的判断	您的认可程度						合计
	选项	很赞同	赞同	一般	不赞同	很不赞同	
C.学术类社团已经建立自立、自强、自律的体制和机制，在决策科学化、民主化和科技人才的成长方面发挥巨大作用	功能期待	11.2%	27.6%	50.0%	9.5%	1.7%	100.00%
	实际功能判断	7.8%	29.3%	51.7%	9.5%	1.7%	100.00%
D.学术类社团具有学术交流合作的组织优势，是学术发展必不可少的功能性结构	功能期待	36.2%	52.6%	10.3%	0.9%	0	100.00%
	实际功能判断	14.7%	62.1%	20.6%	1.7%	0.9%	100.00%
E.学术类社团的组织结构具有柔性化优势，便于根据不同地区、不同领域的条件变化及时做出调整，具有很强的适应性	功能期待	13.8%	59.5%	25.0%	1.7%	0	100.00%
	实际功能判断	12.9%	50.0%	32.8%	3.4%	0.9%	100.00%
F.学术类社团在引导产业科技发展方向，推动产业和企业的科技进步方面具有组织优势；在承担社会化服务职能，发展科技中介服务中显示出强大活力	功能期待	6.9%	54.3%	37.9%	0.9%	0	100.00%
	实际功能判断	5.2%	46.6%	40.5%	6.8%	0.9%	100.00%
G.学术类社团开展科学技术普及，为提高全民族科学素质作出贡献	功能期待	17.2%	53.4%	26.8%	2.6%	0	100.00%
	实际功能判断	9.5%	44.0%	44.7%	0.9%	0.9%	100.00%

（三）成立学术类社团的基本目的

在问到"您认为发起成立学术类社团的具体目的是什么"时，被访者回答"促进科学技术（或社会科学）的推广与利用"、"培养学术人才"、"促进本学科、本研究流域的学术交流和发展"、"政府通过学术类社团来扩大学术交流、加快学术创新、服务学术研究"、"为政府建言献策，影响政府政策制定与实施"、"面向社会大众开展学术普及活动"等选项的比较多，分别达57.8%、49.1%、44.0%、43.1%、41.4%和37.9%。选择最少的是"政府通过学术类社团对成员实施控制"，仅有2.6%。这说明，被访者将学术类社团的具体功能主要定位为服务学术。需注意的是，被访者对学术类社团的互助功能——"为会员提供服务，维护会员的正当权益"认识并不充分，选择此项的不到三成。

表5显示了被访者对学术类社团具体功能的评价情况，表现有：一是对学术类社团"自我管理、自我整合和自我服务的总体能力"评价

中等偏上,选择"很强"、"较强"和"尚可"的分别占2.6%、36.2%和53.4%。二是学术类社团的学术功能评价也总体不错。详见表5中B、C、D、E、G等选项的评价。三是表5也同样显示我国学术类社团的发展仍然存在一些问题,部分社团的功能发挥或受到阻滞,或因种种原因作用不明显,运作能力相对较弱。从A到G每个选项中都有一定比例选择"弱"、"很弱"的被访者。D、C、F和G选择"弱"和"很弱"的被访者相对较多,分别达22.4%、17.3%、15.5%和15.5%。选"尚可"的比例也很大,从A到G选项中选"尚可"的分别达53.4%、43.9%、45.7%、43.1%、45.7%、43.1%和38.8%,基本都在50%左右,比例最低的也接近40%。这说明我国学术类社团的功能定位基本准确、合理,但功能发挥仍有较大空间。

表5 学术类社团具体功能评价

具体情况	评价						
	选项	很强	较强	尚可	弱	很弱	合计
A.自我管理、自我整合和自我服务的总体能力	频次	3	42	62	9	0	116
	比例	2.6%	36.2%	53.4%	7.8%	0	100.00%
B.对学术研究引导功能	频次	6	49	51	9	1	116
	比例	5.2%	42.2%	43.9%	7.8%	0.9%	100.00%
C.对学术研究支持功能	频次	7	36	53	19	1	116
	比例	6.0%	31.0%	45.7%	16.4%	0.9%	100.00%
D.对科研资源整合功能	频次	9	31	50	25	1	116
	比例	7.8%	26.7%	43.1%	21.5%	0.9%	100.00%
E.对科研信息交流功能	频次	14	39	53	9	1	116
	比例	12.1%	33.5%	45.7%	7.8%	0.9%	100.00%
F.会员的领域归属功能	频次	6	42	50	16	2	116
	比例	5.2%	36.2%	43.1%	13.8%	1.7%	100.00%
G.对学术影响扩大功能	频次	8	45	45	16	2	116
	比例	6.9%	38.8%	38.8%	13.8%	1.7%	100.00%

三、学术类社团的运作合理性及其问题

（一）学术类社团活动情况

表6列举了被访学术类社团的活动领域与活动方式，可以认为被访学术类社团的活动领域广泛、活动方式多样。但更多集中在"学术交流"、"学术理论研讨"、"举办学术论坛、讲座及沙龙"和"调查研究"上，比例分别为82.8%、66.4%、55.2%和48.2%。这些领域都可以归类为"学术功能"。相反，在自我筹资（如商业活动、义演义卖活动、设置经营实体）、社会公益服务（如提供资金、物资等援助、热线服务、提供公益服务）等方面的活动相对较少。

表6　被访学术社团的活动领域与活动方式一览表（多选；n=116）

序号	活动方式	频次	比例	排序	序号	活动方式	频次	比例	排序
A	学术理论研讨	77	66.4%	2	I	通过义演、义卖活动筹集资金	4	3.4%	15
B	学术交流	96	82.8%	1	J	政策建议和提案	27	23.3%	9
C	科普宣传	30	25.9%	8	K	提供公益服务（面向社会公众）	20	17.2%	10
D	有关本学科领域的咨询服务、科技委托服务	32	27.6%	7	L	开展本学科领域的热线服务	9	7.8%	13
E	出版学术刊物	33	28.4%	6	M	调查研究	54	48.2%	4
F	举办学术论坛、讲座及沙龙	64	55.2%	3	N	提供资金、物资等援助（对成员）	10	8.6%	12
G	多样化的商业性活动（经核准的）	12	10.4%	11	O	依据有关要求设置经营实体	8	6.9%	14
H	学术成果评奖	35	30.2%	5					

注：A—O选项为随机排序。

（二）学术类社团的制度化程度

组织能否有效地运作、充分地发挥其应有的功能取决于组织结构的合理化程度、制度化程度。调查发现，被访学术类社团在"内部议事制度"、"财务管理制度"和"学术评价机制"三方面相对健全，而其他制度的建设情况并不是十分乐观，制度化水平也有待提高（见表7）。

表7　被访学术类社团内部制度建设情况一览表（多选；n=116）

选项	频次	比例	排序	选项	频次	比例	排序
自律机制	35	30.2%	4	自我评估机制	25	21.6	5
内部议事制度	74	63.8%	1	监督机制	24	20.7%	6
财务管理制度	58	50.0%	2	学术评价机制	53	45.7%	3
人员录用和考核惩罚机制	23	19.8%	7	其他	1	0.9%	8

注：选项为随机排序。

（三）学术类社团运作自主性

自主性程度是学术类社团满足其功能预期的基本保证，也是判断其运作合理性的重要指标。本课题组主要从如下四个方面来判断：一是学术类社团的组织形态与其独立性（包括是否独立实体、办公设施条件是否充足等）。二是学术类社团财务状况与其独立性（包括是否有健全的财务制度、是否独立核算、资金来源是否多元化等）。三是人员条件与其独立性（包括学术类社团领导者的来源情况、学术类社团工作人员的专兼职情况及其自主倾向、专业素质、管理制度等）。四是学术类社团运行状态与其独立性（包括学术类社团项目来源、工作规划与总结的独立性、运行方式、与业务主管部门和登记管理机关之间的关系等）。

表8　学术类社团独立性评价

自主性测度的具体指标	评价					
	选项	很强	较强	尚可	弱	很弱	合计
学术类社团的组织形态	频次	4	31	52	28	1	116
	比例	3.4%	26.7%	44.8%	24.2%	0.9%	100.0%
学术类社团的财务状况	频次	6	28	42	37	3	116
	比例	5.2%	24.2%	36.2%	31.8%	2.6%	100.0%
学术类社团的人员条件	频次	6	31	62	17	0	116
	比例	5.2%	26.7%	53.4%	14.7%	0	100.0%
学术类社团的组织运行	频次	2	47	52	15	0	116
	比例	1.7%	40.5%	44.8%	13.0%	0	100.0%

　　表8显示，学术类社团的自主性程度并不乐观。虽然有相当部分的学术类社团独立性强、自主性高，但是选择"尚可"、"弱"、"很弱"的比例相当大，都超过了50%。主要原因有：一是我国的学术类社团基本上都有官方背景，其直接动力源主要来自体制内主体。二是我国学术类社团的运行受到"双重管理体制"的影响，其运作受各级"科协"、"社科联"的影响较大。活动项目的选择、管理人员的配备、工作人员的配备、运行决策等都与业务主管部门关系密切，往往受其支配，学术类社团本身的运行自主性相对较弱。三是由于我国市场经济发育程度相对较低、学术研究者的专职工作也一般都具有官方背景，所以在很大程度上对体制的依赖性较强，自觉不自觉地会将学术类社团的运行与体制相嫁接。四是很多学术类社团的领导者也都有官方背景，其在很大程度上与政府有着千丝万缕的联系，可以依靠学术类社团的官方背景和民间属性来动员体制内资源和民间资源两类资源。目前体制内资源的相对丰富性、易得性使得其更多依靠体制内主体，而宁可丧失一些自主性。五是在目前我国尚未形成完备的"公民社会"，社会的自主性格和自主能力都相对较弱，这种社会氛围也影响了学术类社团的自主性。六是我国政府以及基本上发挥政府职能的"科协"和"社科联"在很大程度上习惯了体制内运作的管理模式，对社会自主性的期待、对社团自主性的培育等相对滞后。

　　学术类社团的自主性关键取决于资金的自主性，即，财物资源上能否做到自给自足。然而，学术类社团以学术发展为旨归，而学术研究在本性上具有"正外部性"，缺乏市场吸引力，因此学术类社团更难以依靠社会资源来发展和运作。调查结果显示，被访学术类社团的资金来源相对单一，主要依赖政府和会员（见表9）。这种资金来源单一且以政府为主要依赖的格局大大降低了学术类社团的自主性。

表9　学术类社团资金来源统计（按重要程度顺序选3项）

资金来源	合计		第一选择		第二选择		第三选择	
选项	总频次	总比例	频次	比例	频次	比例	频次	比例
A.财政拨款和政府补贴	57	49.1%	33	28.4%	13	11.2%	11	9.5%
B.社会团体发展基金会扶持	54	46.6%	16	13.8%	26	22.4%	12	10.3%
C.企业或个人赞助或捐赠	65	56.0%	9	7.8%	32	27.6%	24	20.8%

资金来源	合计		第一选择		第二选择		第三选择	
选项	总频次	总比例	频次	比例	频次	比例	频次	比例
D.核准业务范围内营利收入	27	23.3%	10	8.6%	11	9.5%	6	5.2%
E.会员费	59	50.9%	27	23.3%	12	10.3%	20	17.2%
F.内部募捐	18	15.5%	3	2.6%	6	5.2%	9	7.8%
G.政府项目经费	39	33.6%	12	10.4%	9	7.8%	18	15.5%
H.境外资助	8	6.9%	0	0	1	0.9%	7	6.0%
I.利息收入	9	7.8%	2	1.7%	2	1.7%	5	4.3%
K.不清楚	12	10.3%	4	3.4%	4	3.4%	4	3.4%
合计	——		116	100.00%	116	100.00%	116	100.00%

注：A—I选项为随机排序。

（四）学术类社团的可持续发展能力

学术类社团的运行应该符合可持续发展的要求，能够面向未来、适应未来且在未来能够获得存续、进步的能力。

为测度学术类社团的可持续发展能力，本课题组拟定了六个层面的指标：一是学术类社团的制度建设和制度创新能力。观测点包括制度改革的及时性；制度创新的系统性；制度改革对成员需求、环境变化的回应性等。二是学术类社团的资源整合与动员能力。观测点包括整合与动员政府资源、市场资源、其他社团资源、国际资源、志愿者资源等方面的能力。三是学术类社团的总体营利和筹资能力。即，通过市场化运作和核准的商业行为获得发展资源的能力。四是学术类社团执行能力。观测点包括项目执行与管理能力；改变运行方式，提高服务质量；调整运行方向、服务领域、服务内容；运行效率等。五是学术类社团获取成员支持的能力。观测点包括成员的参与程度、社团成员对社团的认同程度、归属程度，以及社团成员对社团的支持能力等。六是学术类社团的创新发展能力。观测点包括对本社团的定位和发展思路清晰度；迎接新挑战的观念、知识、方法和能力；对国内外同类社团最新发展的了解程度和能力等。

调查结果显示：被访学术类社团可持续发展的总体情况适中。若最强指数为5、最弱指数为1的话，仅有"学术类社团的总体营利和筹资能力"指数为2.8，低于3，而其他各个指标都在3—3.5之间（详见表10）。

表10　被访学术类社团可持续发展能力评价

学术类社团可持续发展能力评价指标	评价					
	选项	很强	较强	尚可	弱	很弱	指数
A.所在学术类社团的制度建设和制度创新能力	频次	5	27	60	23	1	3.103
	比例	4.3%	23.3%	51.7%	19.8%	0.9%	
B.所在学术类社团的资源整合与动员能力	频次	5	42	50	18	1	3.275
	比例	4.3%	36.2%	43.1%	15.5%	0.9%	
C.所在学术类社团的总体营利和筹资能力	频次	5	20	45	40	6	2.809
	比例	4.3%	17.2%	38.8%	34.5%	5.2%	
D.所在学术类社团执行能力	频次	5	32	54	25	0	3.146
	比例	4.3%	27.6%	46.5%	21.6%	0	
E.所在学术类社团获取成员支持的能力	频次	5	34	63	13	1	3.249
	比例	4.3%	29.3%	54.3%	11.2%	0.9%	
F.所在学术类社团的创新发展能力	频次	8	49	49	7	3	3.447
	比例	6.9%	42.2%	42.2%	6.1%	2.6%	

注：可持续发展能力指数计算方法：将"很强"到"很弱"依次赋值5、4、3、2、1；"很强"到"很弱"的比例依次为P1、P2、P3、P4、P5；指数=5×P1+4×P2+2×P3+4×P4+1×P5。

根据表5、表6数据可以计算得出被访社团的功能发挥总体指数为3.33、自主性总体指数3.14（计算方法见表10"注"），这与表10数据计算得出的可持续发展能力总体指数3.17接近，不具有显著性差异。通过表5、表6、表10三表数据统一计算，可得总体指数3.23（见表11）。三种指数的比较表明：一方面我国学术类社团取得了相当程度的发展，但是仍有较大发展空间；另一方面，学术类社团的功能发挥、自主性、可持续发展能力都与其运作能力相关，需要通过运作合理性的持续改进来提高。这也是我国学术类社团在今后一段时间内所必须注意的问题。

表11　三种指标总体指数比较

数据来源	测度内容	指数
表4	功能发挥程度	3.33
表7	自主性	3.14
表9	可持续发展能力	3.17
表4、7、9	总体指数	3.23

注：指数的计算方法见表9"注"。

四、学术类社团的环境适应性及其问题

（一）学术类社团环境适应性的整体评价

在调查中，本课题组设置了"相互模仿和学习"、"因政治和制度环境导致的趋同化现象"、"迎合社会功能"、"巴纳德式的变革"、"影响政治领域"和"将形式与内容分开"等指标考查学术类社团的环境适应能力（见表12）。

首先，调查结果显示，被访学术类社团注重通过"相互模仿和学习"以及通过迎合政治和制度环境的方式提高自己的环境适应性，两个指标选择"有"的分别达67.2%和61.2%。这在很大程度上说明：一是我国学术类社团在内部结构、运行方式、组织目标、主要行为等方面的同质性较高，异质性较低；二是由于我国学术类社团与体制内主体（有关政府部门、科协、社科联等）的关系较为密切，由体制内主体主导成立的"自上而下型"学术类社团也占有相当大的比例，所以"因政治和制度环境导致的趋同化现象"也相对较为普遍，受政治和制度环境的影响较大；三是学术类社团之间的这种相互模仿和学习的特性，在很大程度上决定了我国学术类社团之间可以进行较顺畅的交流、合作。

其次，调查结果显示，被访学术类社团除了迎合政府需求之外，也有一定的"社会功能适应性"。即，通过迎合会员、社会大众、市场主体等功能性需求，来获取一定的合法性。比如，为了提高产学研功能设立相应的职能部门。56.9%的被访学术类社团有过这一方面的经历和现象，同时，有近一半的被访学术类社团注重通过"巴纳德式的变革"来整合会员，通过信息沟通的改善、组织结构的变革、组织行为的转变、活动领域的改变等促使成员协作意愿和协作效果的提升。

再次，调查结果显示，学术类社团在"影响政治领域"方面的做法相对较少，占被访者的39.7%，而选择"没有"的占被访者的31.9%。其原因更多是我国政府在社团领域的影响较大，而学术类社团更多习惯于在既有的制度框架和政治氛围中开展活动，鲜有通过"反对行为"改变立法、改变现存规章条例等方式来减少环境的不确定性。当然，在访谈中也有很多被访者强调"影响政治领域"的重要性，只不过在具体实践过程中，往往是"说得多、做得少"，常常是"私下里说"或者"在非正式场合给相关领导者提建议"。

最后，被访学术类社团通过"非法活动"提高掌控环境、降低不确定性的做法较为少见。被访学术类社团在"将形式与内容分开"方面选择"有"的达29.3%，选择"没有"的达52.8%。这说明我国学术类社团的运行较为稳妥。

表12 被访学术社团的环境适应性（n=116；降序排列）

在学术类社团发展过程中，有无下述情形	选项		
	有	没有	不清楚
A.相互模仿和学习	67.2%	17.2%	15.6%
B.因政治和制度环境导致的趋同化现象	61.2%	24.1%	14.7%
C.迎合社会功能"	56.9%	23.3%	19.8%
D.巴纳德式的变革"	48.3%	19.0%	32.7%
E.影响政治领域	39.7%	31.9%	28.4%
F.将形式与内容分开	29.3%	52.8%	17.9%

注：上述指标选择参考了于显洋：《组织社会学》，北京：中国人民大学出版社，2009年版，第58-69页。

（二）学术类社团对外部环境的依赖性

影响学术类社团的外部环境有很多，本课题组从法律与政治要素、社会团体要素、市场要素三方面进行了考察。

首先，调查结果显示，学术类社团对法律与政治要素的依赖程度较大。表13显示,被访学术类社团对政府的依赖程度明显高于对市场的依赖程度,差异的显著性较大。表14显示,在第一选择、第二选择中,需要政府"提供财政支持和项目经费"的占有较大比例,接着是"提供必要的办公设备和物质支持"、"提供便利、充足的办公场所"等,这些需求在很大程度上都属于基础层次的。而在"提供相关政策、法律的支持和扶植,通过政策、法律培育学术类社团,为社团发展营造环境"、"减少行政干预,拓宽学术类社团融资渠道"、"搭建学术类社团独立运作、自主运作的活动"场域"和"自治空间"等方面的需求较少。而这些需求在本质上是符合作为非政府组织的学术类社团应有的"功能定位"和"性质定位"的。

这里可以得出我国学术类社团发展过程中的一个矛盾:在表4、表5中,可以明显看出我国学术类社团在功能定位、性质定位上是符合非政府组织固有的空间再造、关系再造、功能再造属性的。但是表14却得出另外一个结果,即实际运作过程中,学术类社团更多关注的是"最实际"、"最现实"的侧面——希望得到政府在基础层次上的保障。这与我国学术类社团的官方背景、我国公民社会发育不成熟、市场经济欠发达以及社团本身运作能力较低有关。

表13 被访学术类社团的运作和发展对政府的依赖程度与对市场的依赖程度比较

选项	非常依赖	比较依赖	一般	不依赖	完全不依赖	合计
对政府依赖程度	5.2%	32.8%	43.1%	16.4%	2.5%	100.0%
对市场依赖程度	0.9%	18.1%	58.6%	18.1%	4.3%	100.0%

表14 被访学术类社团迫切需要政府提供的支持（按重要程度排序选3项；n=116)

资金来源	合计	第一选择	第二选择	第三选择
选项	总比例	比例	比例	比例
A.提供便利、充足的办公场所	31.0%	13.8%	10.3%	6.9%
B.提供财政支持和项目经费	80.2%	57.8%	17.2%	5.2%
C.提供必需的办公设备和物质支持	33.6%	7.8%	12.1%	13.8%
D.提供相关政策、法律的支持和扶植,通过政策、法律培育学术类社团,为社团发展营造环境	24.1%	2.6%	12.9%	8.6%
E.落实学术类社团税收减免优惠政策	11.2%	3.4%	0.9%	6.9%

资金来源	合计	第一选择	第二选择	第三选择
选项	总比例	比例	比例	比例
F.开展提高组织能力的培训，加强社团专业管理人才引进和培养	37.1%	3.4%	19.0%	14.7%
G.减少行政干预，拓宽学术类社团融资渠道	30.2%	6.0%	10.3%	13.8%
H.搭建学术类社团独立运作、自主运作的活动"场域"和"自治空间"	3.4%	0	0.9%	2.6%
I.进行宣传，促进社会对学术类社团的理解和参与	14.7%	3.4%	3.4%	7.8%
J.建立和完善学术类社团活动评估和表彰体系，发挥督促和示范作用	17.2%	0.9%	8.6%	7.8%
K.建立相应的体制和机制，使社会能够获得学术类社团运作的信息	16.4%	0.9%	4.3%	11.2%
L.对学术类社团专职工作人员提供社保、人事档案保管等支持，	0.9%	0	0	0.9%

注：A—L选项为随机排序。

其次，学术类社团对法律与政治要素的依赖程度较大的另一个表现是"学术类社团与其他社团组织的关系"并不紧密。选择"较频繁"的有26.7%，而选择"一般"和"基本没有"的分别高达57.8%和13.8%。这里又有一个矛盾性的问题，即被访学术类社团有加大社团之间合作的"期望"，期待通过"社团间关系"的打造来扩大影响、提高环境适应能力。如表15所示，在A-G七个考察指标中，除E之外，选择"不重要"、"不太重要"的比例都不高，而选择"比较重要"、"非常重要"的比例要高许多。

表15　社会团体之间的合作关系对学术类社团工作影响的重要程度评估

影响指标	不重要	不太重要	一般	比较重要	非常重要	合计
	比例	比例	比例	比例	比例	比例
A.获取资金支持	7.4%	10.2%	24.1%	32.4%	25.9%	100.0%
B.信息共享	0.9%	6.3%	17.1%	45.9%	29.8%	100.0%
C.经验学习与交流	0.9%	0.9%	9.2%	49.5%	39.5%	100.0%
D.推动学术的创新和发展	1.0%	4.0%	17.2%	30.3%	47.5%	100.0%
E.帮助其他社团加强能力建设	4.1%	18.6%	40.2%	32.0%	5.3%	100.0%
F.获得情感上的相互支持	4.3%	15.2%	42.4%	34.8%	3.3%	100.0%
G.扩大本学术社团的影响力	1.0%	11.5%	20.2%	46.1%	21.2%	100.0%

最后，学术类社团对市场的依赖程度相对较小。在问到"学术类社团的运作和发展对市场的依赖程度"时，选择"非常依赖"、"比较依赖"的仅有0.9%和18.1%，而"不依赖"、"完全不依赖"的比例达18.1%、4.3%，选择中性选项"一般"的则高达58.6%。对被访学术类社团与企业的合作频率的调查能够看出这一点：被访学术类社团与企业的合作频率并不高，选择"较频繁"的仅有12.9%，而选择"一般"、"基本没用"和"从没有"的分别达54.3%、24.1%、3.4%。出现这一情况的主要原因：一是学术类社团更多将自己的功能定位为学术交流、学术研究，而学术推广、产学研促进等方面的定位不足，动力不强。二是学术交流、学术研究对于学术类社团而言相对较易，而推广学术、促进产学研一体化则难度较大，在学术类社团专职工作人员不够、运作能力欠缺的情况下，自然就会将推广学术、促进产学研一体化置于边缘化地位。

五、我国学术类社团改革与管理对策建议

根据以上研究和结论，我们认为可以从以下两大方面促进学术类社团的健康发展。

（一）政府等体制内主体需要采取的措施

第一，高起点预期。体制内主体对待学术类社团要坚持"高标准预期"，决不能将学术类社团视为一种权宜之计，或者视为一种管理、控制学术研究者群体的工具，或者视为一种可有可无的社会机制，应该将学术类社团定位为实现人才强国、科教兴国战略的举措之一，具体定位和预期是：学术类社团应该具有"公民社会属性"，是学术资源配置的"第三种选择"，为学术"治理"开辟新领域，为研究者搭建起一个善的"共同体"，具备现代性的内部运作机制。[①]只有在"高标准预期"下的政策设计才能使学术类社团符合未来发展的长远趋势。

第二，完善行为规范。目前体制内主体针对学术类社团的财会行为、内部决策行为等制订了一些制度和规范。但这些行为规范比较笼

[①]　参见陈振明：《公共管理学》（第二版），北京：中国人民大学出版社，2003年版，第387-392页。

统，并不系统也不全面，还有很多空白领域。因此，建议有关部门制定专门针对学术类社团（或社会团体）的行为规范或行为指南，其中应该包括商业性行为、政治性行为、社会公益性行为、捐赠性行为、报告行为、运行公开行为、内部运作行为等在内的行为规范和指南，内容要具体、周延。这是加强学术类社团管理的当务之急。

第三，设立特别资助项目。建议各级科协、社科联以及自然科学基金委、哲学社会科学规划办等机构设置专门针对学术类社团的特别资助项目。像设立国家社科基金期刊资助项目、教育部思想政治教育专项项目、教育部科技人才培养研究专项项目等一样，设立学术类社团建设专项项目。这必将会促进学术类社团的发展。

第四，纳入政府采购范围。我国的政府采购并未成为学术类社团获取支持的主要手段。学术类社团在专业技术资格认定、行业技术标准制定、继续教育、人才培训、人才培养以及具体学科的应用技术、专利和科技服务等方面具有优势，完全可以承担政府的委托，从而成为采购对象。鉴于此，应该基于《政府采购法》，通过建立有效的政府采购机制，将学术类社团纳入到政府采购的范围中来，既可以增加对学术类社团的财政支持，也可以增强其社会影响力。[①]

第五，健全财会和审计制度。学术类社团自身的特殊性——民间性、非营利性，使其与政府和企业的财会制度有着许多不同之处，如利润计算、报表项目、评价标准等。因而必须制定一套专门针对学术类社团的财会制度和审计制度，这不仅有利于学术类社团的内部运作，也有助于明确其活动领域和运作范围，并能使外部主体对学术类社团的评估和监督规范化、制度化。[②]

第六，完善配套制度。据调查，目前学术类社团运作能力较弱的一个主要原因是其职业化水平不高，兼职人员较多，既有的工作人员在业务能力和专业素质方面参差不齐。所以，需要完善人事、职称、社会保障、工资待遇、社会地位等相关的配套制度，通过配套制度提高学术类社团的吸引力，进而提升其运作能力。

第七，推动学术类社团的职业化建设。人才是"第一资源"，解决我国学术类社团运作能力欠佳问题的关键之所在应是：推动学术类社

---

① 张风帆：《科技非政府组织研究》，博士学位论文，武汉大学，2004年版，第97页。
② 张风帆：《科技非政府组织研究》，博士学位论文，武汉大学，2004年版，第97页。

团的职业化建设，让更多从事社团管理的专业化人才进入学术类社团，从事专门的管理和运作。这需要学术类社团自身的努力，更需要政府的大力推进——提供人事等配套制度、开展专业化培训、培养专业化人才等。

第八，减少直接干预，搭建自主空间。研究结果显示，目前我国学术类社团的依附性心理较强，"等、靠、要"取向严重。出现这一问题的原因是学术类社团自身的运作能力、环境适应能力较差，"不得已"而只能"等、靠、要"，但更重要的一个原因是，政府登记管理部门以及业务主管部门（如，各级科协、社科联等）对学术类社团进行过多的干预，给予其过多的直接任务，而使得学术类社团无暇自主开展活动，久而久之就形成了"等、靠、要"的惯习。因此，减少直接干预、搭建自主空间是非常必要的。

第九，扩充学术类社团的责任范围。目前我国的高等教育专业设置、研究生学位点设置、高校学科点建设、学术评奖、期刊出版等具有很强"学术性"的工作大多被政府部门所垄断。实际上，学术类社团在这些方面是可以发挥有益作用的。因此，建议通过一定的制度化渠道让学术类社团参与到上述"学术性"较强的工作领域。这既可以减少政府行为的风险，又可以提升这些学术性领域的专业性。如，通过健全完善相应的机制，将学术类社团和高等教育专业设置、研究生学位点设置、高校学科点建设、学术评奖、期刊出版等"学术性"领域有机衔接起来。

当然，还需要进一步完善有关学术类社团（或社会团体）的各种监督管理机制，使学术类社团处于"责任压力"之下，进行高效、廉洁的运作。

（二）学术类社团自身需要进行的改革

第一，明确自身功能定位和性质定位。即，学术类社团自身要明确自己的宗旨和使命，即上述——学术类社团应该具有"公民社会属性"，应该是学术资源配置的"第三种选择"，应该为学术"治理"开辟新领域，应该为研究者搭建起一个善的"共同体"，应该具备现代性的内部运作机制。这一论述虽显重复，但确属重中之重。当然，对于具体的学术类社团而言，其功能定位和性质定位要具体明确，不能泛泛而谈，空洞无物。

第二，加强学术类社团的制度化建设。如上述，我国学术类社团目前存在的主要问题之一是制度化水平不高。因此，需要健全和完善学术类社团内部的制度化程度，包括：组织结构、决策机制、执行机制、内部监督、评估与控制机制、日常管理、战略管理、人力资源管理、绩效管理、资本（筹资、营销、营利）管理、责任管理、外部环境适应性管理，等等。为了实现这一目标，需做好如下三方面努力：一是通过典型示范；二是通过设计政策文本，强制和规范学术类社团的制度化建设；三是组织推动社团之间的学习和交流，以取长补短，促进改革。

第三，进行必要的合并重组。调查结果显示，由于学科分化的原因，很多细小学科也成立有相应的社团，而这样的社团面向的研究者数量极少，其整合能力很弱，活动既不频繁，也不多样，运作能力较弱。因此，建议分支学科的学术类社团可以根据情况适当并入上一级学科的学术类社团，可以以专业小组或分支学科委员会的方式继续存在。通过合并重组，有助于提升学术类社团的规模优势，进而促进其功能发挥，增强其环境适应能力。

第四，提高社团运作的合理性。包括三个层面：一是提高参与性。通过内部决策机制、合作机制、交流机制等的完善，促使学术类社团成员便捷地参与社团生活和运作，借此提高成员对社团的归属感，提高学术类社团对成员的整合能力和动员能力。二是提高效率性。学术类社团具有相当的公共性，运作的是公共资源，在很多时候会出现一些浪费、无视效率的现象。因此，学术类社团自身必须明白并注意的一点是——通过财会制度、公开制度、内部评估监督制度等的完善，提高资金运作的效率；同时为避免官僚化取向，通过精简机构、改革日常管理制度等提高组织运作的效率。三是提高廉洁性。需通过内部责任制度、监管制度和外部监管制度来提高学术类社团的廉洁性。

第五，加强学术类社团与其他社团、学术类社团与市场的联系。研究结果显示，目前我国学术类社团在对外联系上更多指向政府，这多少有些不适当。需要通过多种方式引导和加强学术类社团与其他社团、学术类社团与市场的联系，以实现资源来源的多元化，提升学术类社团的环境适应能力。

社区自治组织在构建和谐社会中的作用及其实现条件[①]

李薇薇

摘要：社区自治组织因在促进人与人、人与社会、人与自然的和谐发展中发挥着不容忽视的作用，成为构建和谐社会中不可忽视的力量，但在其发挥作用的过程中也存在一些问题。为了更好地发挥其作用，还应注意加强自身组织建设，正确处理与政府之间的关系，完善参与机制，构建文化基础。

关键词：社区自治组织；和谐社会；条件

党的十六届四中全会鲜明地提出和阐述了"构建社会主义和谐社会"这个科学命题，并把它作为加强党的执政能力建设的五项任务之一。所谓"社会主义和谐社会"，应该是民主法治、公平正义、诚信友爱、充满活力、安定有序、人与自然和谐相处的社会。具体来看，包括三个层面的"和谐"：第一个层面是人与自然的和谐，第二个层面是社会结构及各系统之间的和谐，第三个层面是人自身的和谐。要构建社会主义和谐社会，首先要构建和谐社区，重视社区建设。

何为社区？"社区"一词最早是由德国著名的社会学家F·滕尼斯在1887年提出的，用社会学的观点来看，所谓社区就是指聚居在一定地域范围内人们所组成的社会生活共同体。社区，是社会的基本单元，是社会管理的基本平台，更是社会居民赖以生活的主要场所。随着市场经济和社会的繁荣发展，城市现代化建设的需要，和谐社区建设逐渐成为当下政府进行社会管理的重要举措。和谐社区建设一方面要靠政府的推动，另一方面要依靠社区组织和社区居民。其中，社区

---

① 此文原载于《陕西理工学院学报》（社会科学版），2007年第4期，第34–37页。收入此论文集时有改动。

组织和社区居民的力量是推动和谐社区建设的内在动力。①因此，社区自治组织的发展对于和谐社区建设具有关键性作用。

在我国，社区自治组织是指基于社区利益最大化，社区居民在自愿基础上自主结合在一起共同解决社区公共事务的组织，是社区自治的重要力量。依其自身属性可分法定自治组织和民间自治组织。法定自治组织主要包括居民委员会、社区党组织、社区代表大会、社区议事会等；民间自治组织主要包括业主大会、业主代表大会、业主委员会等维权组织，社区志愿者协会、社区医疗保健中心、社区保障中心等公益服务组织，各类文化体育艺术团体等联谊性组织。②社区自治组织的存在，能够加速并完善社区"自我教育、自我管理、自我服务、自我约束"的功能，促进和谐社区的建设，并在构建和谐社会中发挥重要作用。

一、社区自治组织在构建和谐社会过程中的作用

社区自治组织具有政府组织和企业组织所不具有的组织特性，如公共性、自治性、民间性和志愿性，在专业技术、灵活性、组织机制等方面具有明显优势③，这些特性决定了社区自治组织在构建和谐社会的过程中能够发挥出独特的作用。

第一，满足社区居民多元化需要，促进人与人的和谐发展。首先，随着城市经济和社会的快速发展，原有以"单位"相对集中的社会主体渐趋弱化，取而代之的是以"社区"为基本单位的社会主体。在这种转变中，"熟人社会"向"陌生人社会"转变的特征愈发明显。原有的"熟人社会"关系网面临割裂的危险，而"陌生人社会"的人际关系节点需要重新建立和链接。在这种情况下，基层社区自治组织就成了弥补或黏合这些关系节点的重要黏合剂，特别是那些非法定性的社区联谊性组织对于加深社区居民印象，增进社区居民友谊具有显著作用。其次，社区自治组织的工作均以社区居民需求为导向，以社

① 魏娜：《城市社区建设与社区自治组织的发展》，载《北京行政学院学报》2003年第1期。
② 王德亮：《社区自治组织功能受限及对策》，载《法制与社会》2012年第4期。
③ 王绍光：《多元与统一——第三部门国际比较研究》，杭州：浙江人民出版社，1999年版，第54-55页。

区居民满意为准绳,以社区居民利益为目标。它们立足社区,对社区范围内的人和事较为了解和熟悉,因此可以有的放矢去满足社区居民多样化、个性化的需要。现有许多社区根据自身情况建设老年社区、绿色社区、文化社区、智能化社区等就是最好的例证。最后,社区自治组织在管理社区公共事务过程中,强调社区居民的自主参与、自我管理,一方面能将社区实际情况与政府政策相联系,避免政策制定与操作环节相脱节,提高政策执行的有效性;另一方面也有助于激励社区居民积极地、主动地和自觉地为解决社区内部存在的问题而出谋划策,从而激发社区居民的主体意识、权利意识和自主意识,增强其对社区治理的责任感、归属感。同时,社区居民实现了自我表达、主动参与、与人沟通,满足了社区居民更高层次的心理需要。

第二,缓解社会矛盾,促进人和社会之间的和谐发展。"民主法制、公平正义、安定有序"是社会主义和谐社会的基本要求,社区自治组织在这方面也有着独特的作用。首先,社区自治组织对于社会矛盾和问题的出现可以"防患于未然"。伴随着我国经济飞速发展、社会转型引起的利益格局变化,各类社会矛盾和问题也日渐凸显。对收入悬殊的不满、工作和生活压力的增大、价值观念受到冲击等不良情绪的宣泄最早是暴露在社区的。社区自治组织可以提前做好防范和控制工作,早发现,早解决,防患于未然。其次,社区自治组织鼓励社区居民参与,扩大参与主体的范围,符合和谐社会公民民主自治的要求。与此同时,通过社区居民的广泛参与,帮助社区居民树立"社区是我家,建设靠大家"的自我管理意识,在遇到问题时,采取"民主协商"的方式予以解决,避免矛盾激化。同时,通过社区居民的广泛参与,在一定程度上遏制了"暗箱操作",提高社区管理的透明度。[1]再次,社区自治组织能够保障弱势群体利益,维护社会公平。其本着"志愿"原则,以"主观为他人"作为其内在驱动力,积极主动地、不计回报地为弱势群体服务,从而能够保证服务的质量和效果。[2]最后,社区自治组织为社区居民提供如家政服务、便利商店等服务,一方面方便了社区居民的日常生活,另一方面,大量增加的就业岗位,为闲

---

① 梁莹:《政府善治与我国第三部门的发展》,载《南京师范大学学报》(社会科学版)2003年第3期。

② 席恒:《公与私:公共事业运行机制研究》,北京:商务印书馆,2003年版,第69–82页。

散人员，尤其是下岗工人提供了就业机会，缓解社会压力，促进经济增长。此外，社区自治组织以文化为纽带，通过社区文化建设，推动社会主义精神文明建设，促进社会和谐发展。

第三，社区自治组织能够促进人与自然的和谐发展。构建和谐社会，就是要坚持可持续发展战略，正确处理人与自然的关系，达到人与自然的协调和发展。通过举办各种形式的讲座、演讲、座谈会或者张贴宣传画等活动，向社区居民普及、宣传构建绿色社会的重要性，并结合社区实际情况，制定相关的环境保护公约、规定等，强化社区居民公德意识、环保意识，使社区居民养成节约、环保、卫生的良好习惯，增强构建和谐社会的意识，使社区居民积极主动地投身到构建绿色社会的活动中来，使全体社区成员成为构建绿色社会的重要力量。在构建绿色社会过程中，社区自治组织将居民日常生活和环境保护紧密联系在一起，小到每家每户的节水节电、清理楼道卫生、垃圾分类，大到社区绿化、噪音治理、社区内企业污水废物排放。出现问题，及时处理。这种立足社区，把宏观政策和日常生活、工作相结合的方式，保证了战略实施的持续性、经常性和有效性。例如广州就以创建"国家环保模范城"为目标，大力推进以"绿色社区"为龙头的创"绿"系列工程，其百年古街——南华西街"敢为天下先"在广州率先开展创建"绿色社区"活动。在硬件上对古街整改绿化、垃圾分类清理、增加污水处理和节水节能设施，在软件上建立健全环境管理体系，成立环保学校，进行环境宣传教育并设立环保图书阅览专栏，开设"绿色社区"网站，并组织丰富多彩的各类活动，创建绿色生活的环境氛围。[1]这些活动的开展，都与社区自治组织的统一指挥协调以及社区居民的积极配合是分不开的。

二、社区自治组织在发挥作用过程中存在的问题

虽然社区自治组织在促进人与人、人与社会、人与自然的和谐发展中具有不可忽视的作用，但就目前来看，仍然存在一些阻碍社区自治组织充分、合理发挥自己应有作用的问题，亟待克服。

---

① 佚名：《"绿色社区"典型案例》，http://www.47365.com/2007/08/fff491023f6c2573.html，2007–8–13。

　　首先，社区自治组织行政化色彩浓厚，政府对其限制过多，干涉过多。这是由于社区自治组织是以计划经济体制时期城乡居委会为基础建立起来的，所以在组织结构、组织制度上都是按照原有行政组织体系构建的，要发挥作用，就必须在市、区两级政府的组织和控制之下进行。因此在实际运行中，政府将其视为"基层组织"、"下属机构"，过多地干涉、限制社区自治组织。另外，社区自治组织经费主要来自于政府的财政拨款，资金上的依赖性使其"手短"，不得不听命于政府，也就不能真正摆脱政府的干预和限制。政府职能"越位"，政府未能很好地扮演其管理者的角色，而是在社区建设中超越了自己应有的职责和权限。从社区自治组织的角度看，长期"以政代社""统一领导"的传统，未能给社区自治组织提供自我管理的良好运行环境，也使得社区自治组织及其工作人员习惯于听命行政命令办事，对于自身如何自主独立工作已经有些"不习惯"，甚至是"不善于"。[1]社区自治组织的行政化色彩，也使得其自身出现了职能"缺位"或"错位"，不利于社区的自我管理和服务。

　　其次，社区自治组织缺乏资金、人才等必需资源，严重阻碍其发展。一个组织的生存和发展离不开人财物等客观物质条件的支持，社区自治组织的发展亦是如此。资金，是社区自治组织能够"办多少事，办多大事"的重要保证。据研究，社区自治组织资金来源主要包括政府财政收入、社会捐赠和服务收费三种。就目前来看，仅仅依靠政府补贴是远远不够的，也是非常有限的；而社区自治组织自身筹资能力有限，财务制度不健全，再加上当前社会组织公信力下降，捐赠款项使用不透明等问题出现，很难有效募集到更多的社会闲散资金；又因社区自治组织非营利性属性限制，服务性收费受到一定限制，也难以成为资金的重要来源。另外一个限制社区自治组织发展的问题就是人才匮乏，特别是懂管理、专业性强的高层次专业人才缺乏。一般来说，法定社区自治组织成员大多是政府退休人员和富余人员，年龄大、文化水平层次低，而非法定社区自治组织人员松散、教育背景、工作环境差异很大，严重阻碍了社区自治组织的发展。资金不足、人才匮乏，尤其是创新型人才的匮乏已经成为制约社区自治组织发展的

　　① 陈杰妩:《转型时期城市社区自治建设的现状、问题及对策》，载《湖北省行政管理学会2010年年会论文集》(下)，2011年版，第756页。

"瓶颈"。

再次，社区自治组织动员能力不高，参与机制不健全。一方面，政府的职能"越位"和"错位"使得社区自治组织长期处于政府的行政命令下，使其自身发展比其他社会组织相对落后，组织能力、管理能力、动员能力明显不足，难以调动社会成员广泛参与。另一方面，社区自治组织还处于发展阶段，社区自治的参与体制还不健全，使得社区居民在参与社区管理时缺乏规范化、制度化的管理，也就不能够保障社区居民民主参与的有效性。而在实际的社区居民参与过程中，大多为假性参与（其特点是不让公众参与决策，而是让掌权者教育、纠正参与者的言行或使公众更好地领会决策者意图并更好地执行，或者操纵参与者，使参与活动朝向权力者预定的目标）和象征性参与（其特点是尽管公众与掌权者之间的了解与被了解增强，但并不能保证其意见真正得以重视），而实质性参与，即公众能取得大部分的决策权和管理权的事务参与是非常有限的，特别是在法定社区自治组织中表现更为明显。[1]除此之外，社区居民在参与过程中还存在被动参与、参与形式简单化、参与率低、参与机制不健全等问题。[2]

最后，社区居民对社区自治组织认同感不高。所谓认同感，是一种思想状态，是社区居民自觉地把自己归于社区，能够对本社区文化认识并肯定，从而自觉服从于这种社区文化，并对社区喜爱和依赖。[3]社区居民的认同感来自于对社区自治组织的认识，来源于社区居民对社区事务的参与，是提升社区居民社区归属感的基本前提。社区自治组织是一种新型的组织形式，虽然已经在社会上具有一定的知晓度，但其真正价值还未被广大社区居民所认可，很多社区居民仍旧习惯性地出现任何问题都找单位、找政府，认为社区自治组织就是可有可无的"摆设"，或者因为其与政府之间的紧密联系，很容易让社区居民将其当成政府下设的职能部门，在一定程度上拉大了社区居民与社区自治组织之间的距离。认同感的缺失，造成社区居民对社区自治组织缺

---

① 韦朝烈、黄炳境：《自治组织的利益代表性与"业主居民"的社区参与》，载《探求》2011年第6期。

② 陈杰妧：《转型时期城市社区自治建设的现状、问题及对策》，载《湖北省行政管理学会2010年年会论文集》（下），2011年版，第756页。

③ 邹辉明：《城市居民对社区认同感和归属感的调查与思考——以镇江市部分社区为例》，载《学理论》2009年第7期。

乏信赖感,影响到社区工作。在现阶段,社区居民参与社区自治的意识程度不高,参与形式简单,多以被动参与为主,这在一定程度上也进一步导致社区居民对于社区自治组织缺乏信任,认同感、归属感较弱的情况出现。此外,在当前"熟人社会"向"陌生人社会"转型的过程中,邻里间的沟通交流甚少,"老死不相往来"、"各扫门前雪"的思想使邻里间戒备森严、缺少信任,这种邻里之间的陌生感也加深了社区居民人际交往的鸿沟,导致社区居民缺乏社区认同感和归属感,对社区自治组织建设极为不利。

三、社区自治组织发挥作用的实现条件

为了使社区自治组织更好地发挥自身的优势,在构建和谐社会过程中尽可能地减少不良问题的出现,发挥其积极作用,还需要借助一些条件。

第一,正确处理社区自治组织与政府的关系,这是其发挥作用的政治保障。社区自治组织作用的有效、合理发挥,必须正确处理与政府组织之间的关系。就目前来看,关于社区自治组织与政府之间关系如何处理的问题还是较多的,学界和业界对这方面也有较多的讨论。我们认为,一方面,正确处理社区自治组织和政府之间的关系,关键要明确两者的关系绝不是领导与被领导、管理与被管理的关系,而是平等的合作伙伴关系。同时,要改变"以政代社"情况,转变政府职能,明确各自组织的责权利关系,这样,社区自治组织和政府才能相互依存、相互补充,也才有助于避免组织"缺位"、"错位"的发生。一是政府要转变观念,通过合理授权,赋予社区自治组织与职责相符的管理权、决策权、组织权,增强运作独立性,明确社会地位,强化社会影响力;二是社区自治组织通过与政府平等协商、对话参与社会公共管理,增强公共管理的民主性、公开性,完善社会监督体系;三是社区自治组织要充分发挥中介组织的作用,借助信息技术、网络技术,建立社区居民和政府沟通的信息系统。平等融洽的合作伙伴关系,能够确保社区自治组织更为有效地发挥其作用。[①]另一方面,在提

---

① 娄成武、孙萍:《社区管理》,北京:高等教育出版社,2003年版,第67页。

供社区公共服务时，社区自治组织也应明确自己的目的和责任同政府是一致的，可以承担政府的部分职能，扮演政府合作者或助理的角色，适时、适地地提供社区必需的公共物品。政府也应该对社区自治组织采取支持政策：一是改变视社区自治组织为不稳定因素制造者的观念，积极合理发挥社区自治组织在提供社区公共服务时的作用，大胆委托社区自治组织开展工作。当然，政府在"放权"的同时，仍然要通过政策引导和法律规范等形式从宏观上对社区自治组织进行引导、管理和监督，防止"志愿失灵"现象的发生。二是积极培育、发展新型社区自治组织，特别是社区居民自发建立的各种类型的组织，尽可能降低门槛，并在一定程度上给予资金、政策等方面的支持。三是区别对待，针对不同类型的社区自治组织给予不同的特惠政策，特别是那些为全体社区公众提供公共服务的社区自治组织，就可以通过直接拨款或采取税制豁免政策进行扶持。四是积极资助开展社区自治组织提供社区公共服务的理论与政策研究。如社区自治组织的运行模式研究、与政府关系研究、绩效评估研究，对社区自治组织扶助政策、支持幅度以及国外社区自治组织的研究等。与此同时，社区自治组织还应该发挥其自身优势，增强自身能力，规范自身行为，树立为社区居民服务的理念，尽可能在政府的支持和社区居民的配合下，独立自主地开展各项事业，凸显其"非政府"属性，拉近与社区居民的距离，以达到社会自治管理的要求。

第二，加强社区自治组织的培育及其能力建设，这是其发挥作用的根本保证。组织能力建设是社区自治组织生存和发展的基础，也是社区自治组织能够发挥作用的关键。现阶段，我国社区自治组织存在着人力资源整合能力不足、资源动员能力不足、项目运作能力不足等问题，这是严重影响社区自治组织作用发挥的重要原因。因此，有必要做好以下几方面工作：一是要提高社区自治组织的人力资源整合能力。从一些成功的社区建设案例中可以发现，其之所以成功都有一个共同的特点，那就是都有一个强有力的领导核心或自治组织。人是一切组织中最重要的因素，是社区自治组织能力提升的关键，也是组织能力提高的关键。因此，要做好社区自治组织的能力建设，就要加强人才队伍建设，特别是创新人才、专业人才的建设，不断挖掘、培养和使用优秀人才。通过优秀的组织文化吸引、维系人才；通过建立规范化、程序化的选任制度选聘人才;通过建立组织内外的人才交流机制,促进人才的合理流动;通过制订人才发展计划,促进人才质量的提高。二是提高社区自治组织的资源动员能力。资源是组织运作、提供服务的物质基础。据萨拉蒙(Lester M·Salamon)教授关于非营利部门的相关研究表明,社区自治组织的资源主要来源于三个方面①(如下图所示)。

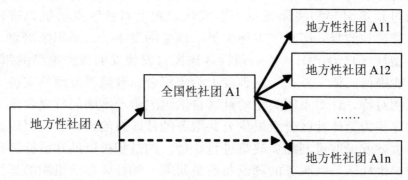

图1　社区自治组织资源来源示意图

目前,我国社区自治组织在进行资源动员时存在"眉毛胡子一把抓"的盲目现象,因此社区自治组织应该准确定位自身组织优势和组织特点,有效整合政府资源、社会慈善资源以及服务收费,避免本可以动员的资源因无人问津而被闲置,本来有限的资源却被争得不亦乐乎的现象。另外,实施差异化战略,举办特色社区服务,创新服务项目,提高服务收费的吸引力。通过对政府资源、社会慈善资源以及服务收费进行合理、有效地整合,全面提高社区自治组织的资源动员能力。三是提高社区自治组织的项目运作能力。社区自治组织作用的发挥需要一个个社区服务项目的有效开展和组织实施,而目前社区服务项目重复开展的现象比较普遍,创新性不强、吸引力不高;不注重项目的论证和设计,只注重数量,致使社区服务项目的质量较低,影响力不强,难以激发社区居民的积极性;社区服务项目内容多集中于简单的娱乐,如棋牌、宠物、歌唱舞蹈等,而政治参与、弱势群体服务、法律服务、咨询服务等项目较少;等等。因此,需要在加强人才建设和资源动员能力建设的基础上,采取有效措施,提高社区服务项

---

① [美]莱斯特·M.萨拉蒙:《全球公民社会——非营利部门视界》,贾西津等译,北京:社会科学文献出版社,2002年版,第28页。

目的运作能力。此外，在培育社区自治组织以及能力建设过程中，也应该有针对性地考虑社区情况给予区别对待。学者陈伟东就根据我国城市社区政治原因及地缘性发展不平衡等因素将社区划分为新社区、老社区以及处于新老转换期社区。这里的"新""老"主要指社区成员的构成而言，着重于群体身份。新社区具有典型"陌生人社会"特点，但群体较年轻、观念开放，对于自身利益维护具有较强意识，因此社区自治组织比较容易建立并开展活动；而老社区属"熟人社会"，邻里关系紧密，并保有"有事找单位"的观念，对于社区自治组织认知度较低，在培育社区自治组织过程中阻力也较多。而新老转型期社区兼具新老社区特点，其培育过程也要兼顾新老社区特点。[1]

第三，建立合理顺畅的社区居民参与机制，这是其发挥作用的机制保证。社区居民广泛地、充分地参与，是社区自治组织作用充分发挥的基础和前提。但目前，社区自治组织与政府之间的关系尚未理顺，政府组织对社区自治组织的干预过多，影响较大。社区自治组织独立性较差，在开展社区服务、运营有关服务项目时，"眼睛向上看"，而不关注社区居民。同时，"自治"本身也体现了一种文化，是一种文化现象，体现人们的行动自主性[2]，而目前，我国社区居民对社区自治组织的主体性认识尚有差距。因此，必须从以下几方面着手，建立和完善合理的社区居民参与机制。一是进一步深化政府体制改革，坚持"政社分开"，捋顺政府和社区自治组织之间的关系。二是通过宣传教育，加强社区居民对社区自治组织的认识，营造共同关心、积极参与的良好的社区氛围，通过一些具体的社区自治的优秀案例，向社区居民展现社区自治的效果，增进社区居民对社区自治组织的认同感、信任感；辅之以完善的激励机制和责任机制，提高社区居民的参与意识和自治意识，明确社区居民的权利和义务。三是完善社区自治制度，包括选举制度、组织制度、议事制度和监督制度，使社区居民和其他组织在参与社区自治时更加规范化、制度化和程序化。四是加强法律制度建设，做到有法可依，依法自治，增强社区自治的合法性和合理性，从制度上保证了民主自治的公开、公正，遏制寻租行

---

① 陈伟东：《社区自治：自组织网络与制度设置》，北京：中国社会科学出版社，2004年版。

② 李军、安建增：《论中国语境中的非政府公共组织》，载《西北大学学报》（哲学社会科学版）2006年第3期。

为，有利于社区自治组织作用的发挥。①五是完善社区服务网络，扎实推进"科教文体、法律和卫生进社区"活动，将政府公共服务、居民志愿服务及商业利民服务有机结合，为社区居民提供多样化、高水平的服务。通过整合社区资源，加强社区居民联系，开展邻里间互助帮扶活动，增进邻里间友谊，从而真正让社区居民获得实惠，加深对社区自治组织认同感。六是在强化社区服务功能和服务设施等硬件建设的同时，注重提高全民文化素质和民主意识，在全社会营造"自治"氛围，为社区自治组织创建良好的文化环境。特别需要注意的是，以往在探讨社区居民参与不足问题时往往将其归结为居民参与意识缺乏，居民参与机制的不健全。但有学者提出，其主要原因或根本原因在于社区居民"参与期望与自治权缺失之间的矛盾，简单地说就是利益关系或者权力的再调整问题"②。可见，社区自治组织行政化才是阻碍社区居民有效参与、社区自治管理的症结所在。要想真正解决社区区民参与不足的问题必须真正做到"政府放权"，把自主管理的权力下放给社区自治组织及社区的居民，让他们真正享有知情权、参与权、监督权和决策权。

第四，加强社会文化建设，这是社区自治组织发挥作用的文化基础。社区自治组织的发展与作用的发挥程度与一个社会的特质有着密切的关系。一般说来，自主型而不是依附型社会文化更容易促进社区自治组织的建立与发展及其作用的充分发挥，自由型而不是专制型社会文化更利于社区自治组织的建立与发展及其作用的充分发挥③。在我国社会主义民主进程中和政治文明建设过程中，社会自主精神的培育和独立性现代人格的形成对于社区自治组织的发展至关重要。社区自治组织的"志愿性为公"的性质，决定了人们参与其中的激励依靠的是人们对社会的责任感与使命感，依靠的是人们古道热肠般的仁慈心与同情心，这种超然物外的激励与权力、金钱相比就显得较为脆弱。因此，培养社会的独立性、自主性的同时培养社会公德心、使命感就显得格外必要，这也是促进社区自治组织作用充分合理发挥的文化条

① 韦克难:《试论我国城市社区居民自治制度的构建》，载《天府新论》2004年第6期。

② 韦朝烈、黄炳境:《自治组织的利益代表性与"业主居民"的社区参与》，载《探求》2011年第6期。

③ 安建增、何晔:《非政府组织在应对公共危机时作用的探析》，载《西安电子科技大学学报》（社会科学版）2004年第4期。

件。当前，在加强社会文化建设的同时，我国社区文化建设也在蓬勃发展，且直接影响着社区建设。但在社区文化建设过程中，仍存在一些共性问题：思想观念陈旧，内容形式单一——在很多社区居民观念中"吹拉弹唱即为文化"；缺少专业文化骨干；资金短缺，场地不足等影响社区文化建设的软硬件问题。对此，我们首先要坚持"以人为本"的观念，满足社区成员不同层次的精神文化需要，积极举办各类培训、演讲、文艺演出等活动，丰富社区居民的精神文化生活，寓教于乐。其次要通过宣传优秀模范人物和事迹，揭露社会不良行为，教育广大居民，强化社区居民文化素质，提高思想道德意识。再次要定期、不定期创新性地开展社区居民喜闻乐见且贴近生活的活动，为社区居民提供相互交流和联系的机会，增强集体认同感和凝聚力，强化社区居民的"主人翁"意识。四是要积极开展社区志愿性活动，支持公益性社区服务和社区志愿者参与社区管理和服务工作，培养社区居民的志愿意识和奉献意识，对表现突出者给予适当的奖励，以示肯定。五是要加强社区文化队伍建设，组建专业文化队伍，培养社区文化骨干人才，除了专业专职人员外，还可以通过招募大学生志愿者或者社会志愿者充实到文化队伍中来，指导社区文化活动。六是要拓展资金来源渠道，除行政补贴外，可通过活动冠名、帮商家促销、社会捐款等多种形式筹集资金，以此弥补社区文化建设中资金短缺的问题。七是要加强社区文化品牌建设，增强文化宣传的力度和影响力。精心打造充分展现地域特色，凸显地方风格，群众喜闻乐见的文化活动，并努力使之成为一流的文化活动，展现社区文化。

安徽省民办普通高校办学效率的调查研究①

钟 颖

　　摘要：利用数据包络分析方法(DEA)，从高等学校投入产出角度，对安徽省20所民办普通高校和中国校友会网发布的《2013中国民办大学100强》中的前20位民办普通高校进行教学活动和科研活动的效率评估，分析各样本民办普通高校的纯技术效率、规模效率和技术效率，并结合美国和日本私立高等教育的办学经验，从政府和办学者两个层面提出提升安徽省民办普通高校办学效率的建议。样本民办普通高校教学活动的DEA效率总体上不太高，无效原因既有技术原因也有规模原因。样本民办普通高校科研活动的纯技术效率较高，科研活动DEA效率不高的主要原因是由于规模无效率引起的。特别指出的是，安徽省样本民办普通高校科研活动的技术效率相对较高。

　　关键词：民办普通高校；数据包络分析方法；教学活动效率；科研活动效率

引　言

　　自1999年批准成立了安徽省第一所国家承认学历的民办普通高校——民办三联职业技术学院至今，截至2013年6月，安徽省共有民办普通高校20所，其中本科院校4所，专科院校16所，累计培养毕业生16.7万余人，为经济社会发展提供了人才支撑。安徽省的民办普通高校，总体发展速度较快，但在发展的过程中，也显现出一些问题，有

　　① 本文向安徽省2013年学术年会提交，系"安徽社会组织发展"理论研究课题"基于DEA和SFA视角的安徽省民办普通高校办学效率研究"（项目编号：2013AMSM1-011）成果之一。收入此论文集时略有改动。

待于整理和解决。民办普通高校学费高涨、教育质量不高等问题成为社会关注的焦点，各级政府、投资者、捐赠者、学生及家长都非常关心民办普通高校的办学效率，但民办普通高校的办学效率是一个模糊的概念，人们更多基于自己的主观经验，从个人的主观感受出发来进行判断，缺乏基于数据的实证分析。

效率即"从一个给定的投入量中获得最大的产出"[①]，民办高等教育的效率是指投入到民办高等教育事业中的各种资源与产出成果之间的比例，主要是指民办高等教育资源的配置是否可以达到最优，各项资源的使用是否存在浪费。由于国家财政性高等教育经费的稀缺，多渠道投资主体对民办普通高校责任和效率的关注，使得民办普通高校必须高度关注资源的使用效率。

利用非参数法——数据包络分析方法(DEA)，从教育资源投入产出的角度，对安徽省具有普通高等学历教育招生资格的20所民办普通高校和中国校友会网发布的《2013中国民办大学100强》中的前20位民办普通高校进行高校间的教学效率和科研效率进行评估，分析各样本民办普通高校的纯技术效率、规模效率和技术效率。

本文结构如下：第一部分是研究方法、模型和数据的介绍；第二部分是实证过程与各种实证结果的比较分析；第三部分是结论与建议。

一、方法、模型与数据

（一）方法与模型

目前，高校效率分析主要利用生产(成本)函数，分析在投入与配置既定的前提下，实际产出与最大可能产出(实际成本与理论最小成本)之间的关系。依据是否要估算函数中的参数，可将这种方法划分为参数法和非参数法，从国际经验来看，非参数法(即数据包络分析)的使用更为广泛。同时，根据评估对象的不同，又可以分为高校间效率评估的比较分析和同一所高校的各个院系间效率评估的比较分析（Worthing-ton，A.C，2001）。本研究是针对样本高校间效率评估的比较分析。

---

① [美]阿瑟·奥肯：《平等与效率》，王奔洲等译，北京：华夏出版社，1999年版，第2页。

数据包络分析方法是指借助已有的数据构造一个有效的生产前沿面，以此前沿面为参照来研究样本个体投入产出的相对效率。此方法最早由Charnes、Cooper、Rhodes（1978）提出，是一个面向投入的，并假设规模报酬不变的CRS模型。DEA方法可以分为面向投入的模型和面向产出的模型两种模式。在处理实际问题时，应该根据管理者最需要控制的量（投入或者产出）来选择模型。在很多实例中，这两个模型的选择对最后获得的值只有微小的影响（Coelli and Perelman，1999）。在本研究中，民办普通高校培养的学生数量、质量以及科研成果的数量、质量，是民办普通高校管理者、各级政府、投资者等决策时的关键变量，且政府法规、财政约束等，可能会导致不是所有民办普通高校都能以最优规模运作。出于这些考虑，本研究将采用由Banker，Charnes and Cooper（1984）提出的VRS面向投入的DEA模型，该模型对固定规模报酬（Constant Returns to Scale，CRS）的DEA模型进行调整来解决规模报酬可变（Variable Returns to Scale，VRS）的情况。

（二）指标体系与数据

1. 指标体系的建立

为了更好地分析比较各民办普通高校的办学绩效，将教学活动和科研活动区别开来，本研究设计了两个独立的模型，一个着眼于考察民办普通高校的教学活动绩效，一个着眼于考察民办普通高校的科研活动绩效。因为观察值数量有限，为了保证一定程度的自由处理权，本研究在选择投入产出指标时，结合安徽省民办普通高校的内外环境现状和我国高校统计数据的可得性，对投入变量和产出变量的总数进行了限制。特别需要指出的是，目前已有的度量高校教学产出的评价指标大多选取可以量化的指标（学生数量），而忽略了无法量化的指标（学生质量），具有片面性，本研究将学生质量这一定性因素作为度量民办普通高校教学产出的评价指标，利用中国高等教育学生信息网上公布的各高校在读或已毕业的普通本专科学生对本校进行实名投票得出的"院校满意度"来获取该指标数据。

表1 教学活动的投入产出指标体系

投入指标	X_1：占地面积（亩）	X_2：校舍面积（万平方米）	X_3：专任教师人数（人）	X_4：正、副高级教师/专任教师（%）	X_5：纸质图书数量（万册）	X_6：教学科研仪器设备总价值（万元）
产出指标	Y_1：在校学生数（人）	Y_2：学生满意度（%）				

注：学生满意度指标的数据来自中国高等教育学生信息网。

表2 科研活动的投入产出指标体系

投入指标	X_1：当年研究与发展的全时人员数量（人年）		X_2：当年投入的科研经费（百元）	
产出指标	Y_1：当年获得的课题总数（项）	Y_2：当年发表的专著总数（部）		Y_3：当年发表的学术论文总数（部）

注：研究与发展人员是指统计年度内从事研究与发展工作时间占本人教学、科研总时间10%以上的教学与科研人员；全时人员是指在统计年度中，从事研究与发展（包括科研管理）或从事研究与发展成果应用、科技服务（包括科研管理）工作时间占本人全部工作时间90%及以上的人员。即工作时间在9个月以上的人员，寒暑假和加班工作时间不计，一年按10个月计，非全时人员从事研究与发展（包括科研管理）或从事研究与发展成果应用、科技服务（包括科研管理）的工作时间的百分比相加达100%折合为1个全时人员，并依次累计相加得出的全时人员。

2. 数　据

（1）教学活动。民办普通高校教学活动的效率评估，采用的数据为2012年各样本高校的横截面数据。由于调查中部分民办普通高校的数据缺失，本研究在计算时实际选取了安徽省的11所民办普通高校（下文中用序号表示校名，J1表示安徽外国语学院，J2表示安徽文达信息工程学院，J3表示安徽新华学院，J4表示安徽三联学院，J5表示合肥滨湖职业技术学院，J6表示安徽现代信息工程职业学院，J7表示阜阳科技职业学院，J8表示安徽涉外经济职业学院，J9表示安徽矿业职业技术学院，J10表示安徽扬子职业技术学院，J11表示合肥信息技术职业学院）以及中国校友会网正式发布的《2013中国民办大学100强》中前二十位民办普通高校中的11所民办普通高校（下文中用序号表示校名，J12表示湖南涉外经济学院，J13表示山东英才学院，J14表示黄河科技学院，J15表示西京学院，J16表示南昌理工学院，J17表示浙江树人大学，J18表示吉林华侨外国语学院，J19表示汉口学院，J20表示西安翻译学院，J21表示上海杉达学院，J22表示海口经济学院）。各投入变量和产出变量的描述统计量见表3。

表3　各变量的描述统计量

变量	变量描述	观察值个数	均值	最大值	最小值	标准差
ZD	占地面积（亩）	22	1 423.135	7 700	300	1 683.084
XS	校舍面积（万平方米）	22	36.040 91	98	2	25.147 77
ZS	专任教师人数（人）	22	589.545 5	1 338	53	384.766 2
GS	正、副高级教师/专任教师（%）	22	220.681 8	812	14	195.320 8
TS	纸质图书数量（万册）	22	98.366 14	265	8	67.043 22
YB	教学科研仪器设备总价值（万元）	22	6 206.091	22 100	50	5818.95
XS	在校学生数（人）	22	13 850	36 000	2 000	9 847.734
XM	学生满意度（%）	22	3.863 636	4.5	3.3	0.296 881

（2）科研活动。民办普通高校科研活动的效率评估，采用的数据为2008-2011年各样本高校的高等学校科技统计资料汇编和全国高校社科统计资料汇编[①]，数据跨时4年，个体数共计14个的面板数据。由于调查中部分民办普通高校没有相关的科研活动数据，本研究在计算时实际选取了安徽省的6所民办普通高校（下文中用序号表示校名，k1表示安徽新华学院，k2表示安徽三联学院，k3表示安徽外国语学院，k4表示安徽文达信息工程学院，k5表示民办万博科技职业学院，k6表示民办合肥财经职业学院）以及中国校友会网正式发布的《2013中国民办大学100强》中前二十位民办普通高校中的8所民办普通高校（下文中用序号表示校名，k7表示北京城市学院，k8表示湖南涉外经济学院，k9表示三亚学院，k10表示浙江树人大学，k11表示吉林华侨外国语学院，k12表示三江学院，序号k13表示海口经济学院，k14表示黄

---

① 2008年以前高等学校科技统计资料汇编未对各高校的相关数据区别统计，2012年高等学校科技统计资料汇编和2012年全国高校社科统计资料汇编未对外公布。

河科技学院）。投入变量和产出变量的描述统计量见表4。

表4　各变量的描述统计量

变量	变量描述	观察值个数	均值	最大值	最小值	标准差
KR	当年研究与发展的全时人员数量（人年）	235	32.955 32	125.9	1	31.622 08
KJ	当年投入的科研经费（百元）	235	4 225.004	35 388.6	0	7 986.849
KT	当年获得的课题总数（项）	235	71.659 57	322	1	75.842 31
KZ	当年发表的专著总数（部）	235	7.957 447	30	0	7.893 193
KL	当年发表的学术论文总数（部）	235	119.595 7	575	1	142.803 9

二、实证分析

　　此部分的实证分析首先采用数据包络分析方法（DEA），对样本民办普通高校的教学活动效率和科研活动效率进行评估[①]，分析其是否已经处于技术最佳生产规模，是否实现了在现有资源条件下资源的优化配置，是否可以通过增加投资规模来高倍增加产出水平。其次，利用已有的结论探讨不同类型不同地区民办普通高校的效率差异原因。

（一）教学活动的效率分析

　　依据所建立的教学活动投入产出指标体系以及VRS面向投入的DEA模型，2012年22所样本高校的教学活动效率见表8，其中CRS表示技术效率，VRS表示纯技术效率，S表示规模效率，P表示规模判断，drs表示规模报酬递减，irs表示规模报酬递增，校名用序号表示。

表5　22所样本民办普通高校教学活动的DEA效率

校名序号	CRS	VRS	S	P

---

　　① 因为科研活动投入产出指标数量的限制，无法利用随机前沿分析方法（SFA）来进行效率评价。

J1	1	1	1	–
J2	0.641	0.784	0.818	drs
J3	0.535	0.562	0.952	drs
J4	0.56	0.563	0.995	irs
J5	0.861	0.864	0.996	irs
J6	1	1	1	–
J7	1	1	1	–
J8	1	1	1	–
J9	1	1	1	–
J10	1	1	1	–
J11	1	1	1	–
J12	0.715	1	0.715	drs
J13	1	1	1	–
J14	0.457	0.458	0.998	drs
J15	0.803	0.81	0.992	irs
J16	0.3	0.361	0.83	drs
J17	1	1	1	–
J18	0.662	1	0.662	drs
J19	0.559	0.566	0.998	irs
J20	0.546	1	0.546	drs
J21	0.654	0.656	0.998	drs
J22	0.536	0.538	0.995	irs
总体均值	0.765	0.825	0.931	–

从运算结果来看，2012 年 22 所样本民办普通高校教学活动的平均技术效率为 0.765，纯技术效率为 0.825，规模效率为 0.931，有 9 所院校的技术效率为 1.0，达到 DEA 有效。总体来说，这 22 所样本民办普通高校的 DEA 效率不太高，无效的原因既有技术原因也有规模原因。特别需要指出的是，在 11 所安徽省的样本民办普通高校中有 6 所高职专科院校的技术效率为 1.0，达到 DEA 有效，达到了"纯技术效率"和"规模效率"的最佳状态。

表7 2008-2011年14所样本高校的科研活动效率

校名	2008年				2009年				2010年				2011年				总体均值			
	C	V	S	P	C	V	S	P	C	V	S	P	C	V	S	P	C	V	S	P
1	0.806	1	0.806	drs	0.315	0.318	0.994	drs	0.339	0.495	0.684	drs	0.475	1	0.475	drs	0.484	0.703	0.740	drs
2	1	1	1	-	0.288	0.318	0.907	irs	0.932	1	0.932	irs	0.479	0.795	0.603	drs	0.675	0.778	0.861	drs
3	1	1	1	-	0.700	1	0.700	drs	1	1	1	-	1	1	1	-	0.925	1	0.925	-
4	0.384	1	0.384	irs	0.719	1	0.719	irs	1	1	1	-	1	1	1	-	0.776	1	0.776	-
5	1	1	-	-	1	-	-	-	1	1	1	-	1	1	1	-	-	-	-	-
6	-	-	-	-	0.218	0.219	0.993	irs	0.472	0.619	0.762	irs	0.277	0.284	0.976	irs	0.736	0.810	0.881	irs
7	-	-	-	-	0.513	0.667	0.513	drs	0.123	0.173	0.712	drs	0.749	1	0.749	drs	0.206	0.225	0.894	drs
8	1	1	-	-	1	1	1	-	0.959	0.615	0.959	-	0.518	0.559	0.927	drs	0.805	0.805	0.805	drs
9	-	-	-	-	0.773	1	0.773	drs	0.604	1	0.983	drs	0.541	1	0.541	drs	0.707	0.725	0.97	-
10	1	1	1	-	0.591	1	0.886	drs	0.552	0.997	0.552	drs	0.599	1	0.599	drs	0.717	1	0.717	irs
11	0.635	0.635	1	-	1	1	-	-	0.893	-	0.893	irs	0.98	1	0.98	irs	0.680	0.826	0.845	-
12	-	-	-	-	1	1	1	-	0.869	-	0.871	-	-	-	-	-	0.925	0.999	0.926	-
13	-	-	-	-	1	1	-	-	1	-	1	-	-	-	-	-	-	-	-	-
14	1	1	-	-	1	1	1	-	1	-	-	-	-	-	-	-	-	-	-	-
总体均值	0.870	0.959	0.910	-	0.677	0.793	0.874	-	0.749	0.838	0.873	-	0.74	0.895	0.835	-	0.759	0.871	0.873	-

(二) 科研活动的效率分析

依据本研究所建立的科研活动投入产出指标体系以及 VRS 面向投入的 DEA 模型,借助于 DEAP2.1 软件,2008–2011 年 14 所样本高校的科研活动效率见表10,其中 CRS 表示技术效率,VRS 表示纯技术效率,S 表示规模效率,P 表示规模判断,drs 表示规模报酬递减,irs 表示规模报酬递增,校名用序号表示。

从运算结果来看,这14所样本民办普通高校科研活动的 DEA 效率不太高,无效的原因既有技术原因也有规模原因,纯技术效率从2009年开始逐年提高,规模效率从2008年开始逐年降低。总体上看,纯技术效率较高,2011年13所样本民办普通高校中有10所院校的纯技术效率为1.0,科研活动 DEA 效率不高的主要原因是由于规模无效率引起的。安徽省样本民办普通高校的技术效率相对较高,特别指出的是,2011年6所安徽省的样本民办普通高校中有4所院校的技术效率为1.0,达到 DEA 有效,达到了"纯技术效率"和"规模效率"的最佳状态。需要说明的是,这里的有效,并不意味着这4所院校已经处于完全最优状态,只是表明13所样本民办普通高校科研活动投入产出的各种线性组合均不能构成一个比这4所院校更有效的组合。如果将这4所 DEA 有效的院校与这13所样本高校以外的其他普通高校相比,可能又会表现出未达到 DEA 有效的情况。

三、结论与建议

(一) 结 论

通过数据包络分析方法对我国民办普通高校教学和科研活动的效率进行研究后,得出以下基本结论:

第一,2012年22所样本民办普通高校教学活动的平均技术效率为0.765,纯技术效率为0.825,规模效率为0.931,有9所院校的技术效率为1.0,达到 DEA 有效。总体来说,这22所样本民办普通高校教学活动的 DEA 效率不太高,无效的原因既有技术原因也有规模原因。特别需要指出的是,在11所安徽省的样本民办普通高校中有6所高职专科院校教学活动的技术效率为1.0，达到DEA有效，达到了"纯技术效率"和"规模效率"的最佳状态。

第二，2008-2011年14所样本民办普通高校科研活动的平均技术效率0.759，纯技术效率为0.871，规模效率为0.873，纯技术效率从2009年开始逐年提高，规模效率从2008年开始逐年降低，总体上看，纯技术效率较高，2011年13个样本民办普通高校中有10所院校科研活动的纯技术效率为1.0，科研活动DEA效率不高的主要原因是由于规模无效率引起的。特别指出的是，安徽省样本民办普通高校科研活动的技术效率相对较高，2011年6所安徽省的样本民办普通高校中有4所院校科研活动的技术效率为1.0，达到DEA有效，达到了"纯技术效率"和"规模效率"的最佳状态。

（二）建　议

提升民办普通高校的办学效率，有利于民办高等教育资源的配置达到最优化，从而降低其办学成本，增加其生存的几率和竞争的实力。本研究将结合上述研究结果，从政府和办学者两个层面分别给出以下建议。

1. 从政府层面

一是加大各级政府的财政资助力度。根据中国成人教育协会民办高等教育委员会对103所民办高等学校的调查，这103所民办高等学校的总经费中来自学杂费、自筹贷款、董事会主办者投资、政府资助、捐赠收入、其他收入的比例分别为40.8%、43.7%、4.9%、3.9%、3.9%、2.9%。[①]可见，学费和自筹贷款是这些民办高等学校的主要经费来源。

纵观私立高等教育发达的美国、日本，不难看出，虽然学费历来是支撑其私立大学发展的主要经济来源，但捐赠收入和政府资助也是其经费的重要来源。在西方文化中，人们提供捐赠与"基督教"文化有密切联系，慈善成为其捐赠行为的动机之一。此外，美国与日本的一些成立较早的私立大学已发展成为本国甚至世界知名的高校，其毕业校友大多事业有成，加上美国和日本对个人遗产征收高额遗产税以

---

① 冉云芳：《民办高校筹资中的社会捐赠问题》，载《教育发展研究》2008年第2期。

及政府对向学校法人捐款实行税收优惠政策，所以，校友捐赠是美国和日本私立大学经费的重要来源。但安徽省民办普通高校成立较晚，社会影响力不大，其校友的能力有限，且缺少对个人遗产征收高额遗产税的相关政策，因此，短时间内，捐赠收入很难成为安徽省民办普通高校的重要来源。

美国和日本政府从提高私立学校公共性程度的角度出发，都非常重视对私立大学的资助，以补充其办学经费的不足，改善私立大学的办学条件，减轻私立大学学生在经济上的负担。具体包括对少数科研实力雄厚的研究型私立大学给予科研资助，以及对所有私立高等学校的学生给予奖助学金、工读计划和贷款资助。这些举措在一定程度上提升了私立高等学校的综合实力，也保证了私立高等学校的生源。改革开放以来，我国中央和地方的财政收入逐年增加，为各级政府加大对民办普通高校的资助力度提供了经济基础；此外，安徽省地方政府可以借助安徽省近期实施的《安徽省支持本科高校发展能力提升计划》（皖教办［2013］8号），适当对安徽省的民办本科高校进行资助，以项目申报的形式，鼓励其提升教学和科研能力，并通过制定完善的民办普通高校学生资助体系和教师资助体系，减轻学生的学费负担，稳定民办普通高校的教师队伍，保证民办普通高校的生源。

二是加强对民办普通高校的监督管理。美国高等教育认证委员会主席朱迪斯·伊顿（Judith Eaton）指出，"地方认证"是"美国评价学校质量的最古老、最常用的方式之一"。[①]从当前民办高校办学的实际情况来看，高校和社会的信息不对称，对民办高校的办学质量缺少公正权威的评价，安徽省政府各级主管部门应凭借其权威性，加强对地方民办普通高校的质量认证，成为民办高校质量和诚信的监护人。

2. 从办学者层面

一是控制固定资产的盲目投入。高等学校的规模是影响生均成本、收费标准、办学效益的重要因素。当民办普通高校的规模较小时，生均成本呈现出较高的水平，学校各项资产和各类人员的使用效率都较低，且缺少国家财政资金支持，就必然会威胁学校的生存和发展，这就要求民办普通高校必须具有适当的规模。但根据教育部2004

---

① K. Mangan, "For-profit Chains Don't Undercut Missions of Teaching Hospitals Study Finds", Chronicle of Higher Education, 17 March 2000, A42.

年公布的《普通高等学校基本办学条件指标（试行）》的规定，对于生师比、生均占地面积、生均教学行政用房面积、生均教学科研仪器设备值等都有着严格的限定。因此，各民办普通高校在规模扩张之前，必须扩大其占地面积、建筑面积，引进教师和教学科研仪器设备等，当实际招生人数较少时，就会出现学校各项资产和各类人员的闲置率较高，办学效率低下。在本研究报告中，可以看到安徽省6所高职专科院校的教学活动效率达到了 DEA 有效，达到了"纯技术效率"和"规模效率"的最佳状态，而中国校友会网发布的《2013 中国民办大学100强》中排名前列的民办本科高校的教学活动效率却并未达到 DEA 有效，这和这些高校规模扩张过快，各项办学资源投入过大不无关系。以北京外事研修学院为例，该校曾经是"中国十大优秀民办高校"和首批"让家长放心，让同学满意"的优质诚信承诺单位，但由于该校盲目扩张，终因欠债过多而停办。[①]因此，安徽省民办普通高校在集聚实力，提升办学规模和办学质量的同时，必须理性估计市场需求，合理确定投资规模，在满足国家规定的基本办学条件指标的基础上，不宜过度增加办学资源的投入，尽量减少办学资源的闲置和浪费，提高办学效益。

二是加大办学的特色建设。教育部办公厅在《普通高等学校本科教学工作水平评估方案（试行）》（教高厅［2004］21号）中指出：特色是指"在长期办学过程中积沉形成的本校特有的、优于其他学校的独特优质风貌。"2009年1月4日，温家宝总理在科技领导小组会上做的题为《百年大计教育为本》的重要讲话中，针对高等教育改革和发展的问题指出，高校办得好坏，不在规模大小，关键是要办出特色，形成自己的办学理念和风格。

如何才能办出民办普通高校的特色呢？关键是要有准确的目标与定位。美国营利性大学从1990年以来，数量和质量迅速提升，声誉不断提高，其成功的一个主要原因就是课程开设的特色性。这里的特色并不是去提供别处没有的教育产品，而是去开设市场需求高、市场供应不足的课程。美国营利性大学开设的学位课程与大多数大都市报纸上的招聘职位紧密相关，它们出色地找出了雇主们所需要的学术背

---

① 石毅、夏命群：《北京外事学院巨债缠身，两千余名师生前途未卜》，载《京华时报》2005年6月13日，第2版。

景,然后把这种要求转变到所开设的课程中去。安排专门的课程专家去搜集学生对所开设课程的兴趣和雇主要求,为了适应来自学生、雇主、技术改变等方面的反馈需求,美国营利性大学每学期课程方面都会有改变,教学机构的灵活性非常大,市场反应迅速。在本研究报告中提到,财经类院校相对于工科院校而言,更易于提升办学效率,但也必须看到,由于财经类专业的办学投入少,就业面宽,各所高校都设置了相关专业,市场的供给过剩。根据麦可思研究院2013年6月9日正式发布的《2013年中国大学生就业报告》(即"就业蓝皮书"),2013年度就业前景最看好的10个本科专业中有9个是工科专业,2013年度就业前景最看好的5个高职高专专业全部是工科专业。公办高校因为制度的限制,课程改革的周期较长,不能对市场需求做出迅速的调整,这就为民办普通高校留下了巨大的市场空隙,安徽省的民办普通高校应该结合本省以及周边江浙地区经济的发展方向,适时调整和开设满足市场需求的特色专业,特别是特色工科专业,为区域经济的发展服务。

安徽省社会组织公信力现状调查及其提升策略①

夏　春

摘要：公信力不足是制约我国社会组织健康发展的重要因素。本研究透过安徽居民的视角，采用实证的方法，分析了安徽省社会组织公信力的现状。调查结果显示，安徽省社会组织的公信力还有待提高，只有约三成的公众较为信任社会组织，公众对社会组织的信任不及政府组织，甚至不及企业组织。公信力不足将制约和阻碍安徽省社会组织的健康发展，现阶段提升社会组织公信力不仅需要社会组织本身的努力，也需要政府部门给予支持。本文从社会组织的培育、宣传、监督和评估四个方面提出了政策建议。

关键词：公信力；社会组织；公众

一、问题提出

据中国社科院 2013 年《慈善蓝皮书》披露的数据显示，截至 2012 年年底，我国共有 49.2 万个社会组织，比 2011 年增长了 6.5%，是自 2009 年以来社会组织总量增长最快的一年。其中，社会团体 26.8 万个，比 2011 年增长 5%；民办非企业单位 22.1 万个，比 2011 年增长 8.3%；基金会 2 961 个，比 2011 年增长 13.3%。社会组织的蓬勃发展，对我国具有重大的现实意义。一方面，社会组织作为社会的"缓冲带"和"稳定器"，加强政府与公众之间的沟通，推进政府职能转变，提高公共行政效率；另一方面，社会组织具有的公益基因，使其在诸

---

①　本文向安徽省 2013 年学术年会提交，系"安徽社会组织发展"理论研究课题"安徽省社会组织公信力现状及提升策略——基于公众认知的调查"（项目编号：2013AMSM1-009）成果之一。收入此论文集时略有改动。

多领域（特别是养老、助残、教育、扶贫、环保等）为公众提供直接优质的公共服务，满足公众日益增长的社会服务需求，提高社会的整体福祉。为了实现社会组织的这些功能，较高的公信力是社会组织必备的条件——但这恰恰是社会组织需要改进的地方。在姚锐敏2012年进行的调查中，对社会组织总体上持"非常信任"和"比较信任"态度的被调查对象仅占整体的37.4%，[1]《小康》杂志2011年进行的调查也获得相似的结果，这表明我国公众对社会组织的信任程度并不是太高。与此形成鲜明对比的是，西方国家社会组织的公信力一直排在各种组织的前列。[2]目前安徽省社会组织公信力现状是怎样的？是否也遭遇社会组织的"信任危机"？回答这些问题的实证调查还较为少见。为了加强我省社会组织建设，本文从社会公众的视野，进行了一项针对安徽省社会组织公信力的调查，期望为相关实践工作提供数据支撑。

二、调查简介

（一）使用的调查工具

本次调查使用的是自编的调查问卷，调查问卷的设计严格遵循社会调查的程序和方法。首先对国内外现有文献进行整理分析，同时使用开放式调查问卷和深度访谈来收集编制调查问卷所需要的材料。问卷的初稿请相关领域的专家进行审定和修改，在正式调查前，还进行了小规模的预调查，了解调查问卷在实际调研过程中的有效性。经过多次反复修订的调查问卷具有较高的信度和效度。

（二）调查过程

本次调查选择年满18周岁的安徽公民作为调查对象，在安徽的八市（包括亳州、宿州、阜阳、合肥、安庆、芜湖、宣城、池州）发放问卷共计300份，回收问卷268份，其中有效问卷260份。调查由经过培训的大学生实施，均采用一对一调查的方式，由调查员发放问卷，

---

① 姚锐敏：《困境与出路：社会组织公信力建设问题研究》，载《中州学刊》2013年第1期。
② 甄茜：《非牟利体系：启动美利坚》，载《南方周末》2002年1月10日。

调查对象当场填写，然后收回。①

（三）调查对象

本研究的调查对象的年龄从 18 至 73 岁，平均年龄 32.56 岁。农村居民占 49.4%，城市居民占 50.6%。女性调查对象占总体的 56.9%，男性占 43.1%。

三、安徽省社会组织公信力现状

（一）安徽省社会组织公信力现状

公众对社会组织的信任度（public trust）是社会组织公信力的核心内容，本研究调查了公众对社会组织的整体信任度，还根据我国社会组织登记的主要分类，分别调查了普通公众对社会团体、基金会和民办非企业单位的信任度。另外，由于民办非企业单位的构成较为多样化，本研究从中选择了三类与普通民众联系较为密切的教育类、医疗类、社会服务类进行更为细化的调查，结果如表1所示。

表1 公众对安徽社会组织的信任度

对象	选项	频次	百分比	平均数	标准差
社会组织（整体）	非常不信任	6	2.5%		
	比较不信任	36	14.8%		
	一般	127	52.0%	3.16	0.82
	比较信任	63	25.8%		
	非常信任	12	4.9%		
社会团体	非常不信任	3	1.2%		
	比较不信任	31	12.7%		
	一般	140	57.4%	3.19	0.78
	比较信任	56	23.0%		
	非常信任	14	5.7%		

---

① 少量无法书写的老人由调查员代为填写。

对象		选项	频次	百分比	平均数	标准差
	基金会	非常不信任	5	2.0%		
		比较不信任	55	22.5%		
		一般	124	50.8%	3.02	0.82
		比较信任	50	20.5%		
		非常信任	10	4.1%		
民办非企业单位	教育类	非常不信任	5	2.0%		
		比较不信任	44	18.0%		
		一般	127	52.0%	3.08	0.78
		比较信任	62	25.4%		
		非常信任	6	2.5%		
	医疗类	非常不信任	7	2.9%		
		比较不信任	51	20.9%		
		一般	121	49.6%	3.04	0.84
		比较信任	56	23.0%		
		非常信任	9	3.7%		
	社会服务类	非常不信任	10	4.1%		
		比较不信任	39	16.0%		
		一般	128	52.7%	3.06	0.83
		比较信任	58	23.9%		
		非常信任	8	3.3%		

整体而言，公众对安徽省社会组织的信任水平处于中等偏下水平，选择"比较信任"和"非常信任"（社会组织）的占被调查对象的30.7%，社会组织的信任分数为3.16分。在《小康》杂志2011年进行的调查中，对中国慈善组织（社会组织的一部分）持信任态度的占34.7%，而在姚锐敏2012年进行的调查中，对社会组织总体上持"非常信任"和"比较信任"态度的占37.4%，本研究中信任社会组织的比例分别比上述两次调查低4.0和6.7个百分点。更具体的来看，对于社会团体，虽然选择"比较信任"和"非常信任"只占被调查对象的28.7%，但信任分数为3.19，略高于公众对社会组织的整体信任。基金会的情况更不乐观，选择"比较信任"和"非常信任"只占被调查对象的24.6%，信任分数仅为3.02，是所有社会组织中最低的。民办非企

业单位的情况也不是太理想，教育类、医疗类和社会服务类的信任分数分别为3.08、3.04和3.06，均不是太高。

（二）安徽省社会组织公信力比较分析

从国际经验来看，由于社会组织大都具有公益性的特征，因此西方国家社会组织公信力一直位于各种组织的前列。为了进行对比，本研究也调查了公众对其他几种类型组织的信任程度，用以比较社会组织公信力的相对水平。借鉴国家——市场——公民社会三分法，本研究将社会组织与政府组织、企业组织相并列。更具体的看，我国政府组织大致划分为中央政府、省政府和地方政府，企业可以分为国有企业、民营企业和外资企业。本研究将公众对这些组织的信任分数列表进行对比，结果见表2。经过对比可以发现，公众对社会组织的信任程度在几类组织中无疑是最低的。公众对中央政府的信任程度最高，[①]平均分达到了3.71分，而对基金会的信任程度最低，平均分仅为3.02分。社会团体、民办非企业单位和基金会三类社会组织的信任分数分别排6、8、9位，可见安徽省社会组织公信力到了迫切需要改善的地步了。

表2　社会组织与其他组织信任分数的对比

组织类型	具体分类	平均分	标准差	平均分排序
政府组织	中央政府	3.71	0.97	1
	安徽省政府	3.52	0.89	2
	地方政府	3.18	0.96	7
企业组织	国有企业	3.48	0.93	3
	民营企业	3.23	0.81	5
	外资企业	3.36	0.84	4
社会组织	社会团体	3.19	0.78	6
	基金会	3.02	0.82	9
	民办非企业单位	3.06	0.72	8

---

① 公众对中央政府的信任远远高于对地方政府的信任，这与国内其他学者的研究结果基本一致，具体可以参考武晓峰发表于《中国行政管理》2008年第5期的论文《近年来政府公信力研究综述》。

四、政策建议

近年来,安徽省社会组织快速发展,对社会的贡献越来越大,但目前也面临发展的公信力困境。本次调查结果显示,安徽省社会组织的公信力处于较低水平,提升社会组织的公信力不仅重要,而且也很紧迫,以下建议供相关部门参考。

(一)加强安徽省社会组织培育

客观地说,公众对社会组织的信任偏低跟社会诚信整体缺失有一定关系,但社会组织自身能力不足是更为关键的因素,[①]提升安徽省社会组织公信力,首先应该从加强社会组织的培育入手。

1. 为社会组织设立和发展提供便利

无论从理论上,还是在安徽省的实践中,改革社会组织双重管理体制,降低准入标准,简化登记程序,实行备案、登记双轨制,将更多社会组织纳入法律范围进行监管,都是可行的选择。当然也要以法律为依据继续打击、限制和取缔那些具有反人民、反社会、反国家等反动政治倾向的社会组织。[②]目前我国尚没有一部针对社会组织的统一立法,因此可以在现有法律框架下,为社会组织的设立和发展提供便利,促进安徽省社会组织的大发展。此外,在创立社会组织时,就应该明确其产权关系,使其成为拥有独立财产的产权主体,[③]即明确社会组织的公共责任。只有这样,才能保证社会组织健康运行。

2. 为社会组织的发展提供人力资源支持

我国社会组织工作人员大约有600万人,但工作人员的专业化程度普遍偏低,不能很好地适应我国社会组织发展的需要。[④]与此形成对比的是,美国有超过850万的高素质社会组织从业人员,他们拿着合理的高薪酬,所以在美国专职从事公益性事业是高尚而体面的。本次调查

---

① 包卫兵、徐培华:《提高社会组织公信力的调查与思考》,载《淮海文汇》2011年第6期。

② 周红云:《中国社会组织管理体制改革:基于治理与善治的视角》,载《马克思主义与现实》2010年第5期。

③ 段勉:《浅议非营利组织的公信力建设》,载《特区经济》2006年第2期。

④ 石国亮:《慈善组织公信力重塑过程中第三方评估机制研究》,载《中国行政管理》2012年第9期。

的结果显示，在安徽省社会公众看来，吸纳高素质人才到社会组织工作也是提升社会组织公信力的有效途径。我省社会组织的情况与全国相似，一方面社会组织专业化水平不够，急需人才，另一方面许多高校相关专业（比如社会学、社会工作、公共事业管理等）的毕业生并未找到较为对口的专业。建议借鉴"特岗教师"的经验，省政府统筹考虑设置"社会组织特岗职位"，通过公开招聘高校毕业生到安徽省的社会组织工作，引导高校毕业生到社会组织工作，在一定期限内（比如三年），对在社会组织特岗职位工作的大学生实行工资和津贴的补助，逐渐提高社会组织工作人员的整体素质，从而为社会组织的良性发展提供动力。

除了专职人员，志愿者也是许多社会组织所必须依靠的群体，因此民政部门也应该进一步制定规范志愿者队伍的措施。仍然拿美国来进行比较，根据2010年的统计，美国有6 279万名志愿者，占总人口的26.3%，这些志愿者平均每年为公益事业义务工作52小时。志愿者从选拔到培训再到提供社会服务，都有较为规范成熟的做法，加上志愿者的整体素质较高（96%的志愿者拥有高中及以上学历），因而志愿者提供的服务质量非常高。我省在志愿者招募方面也有一些较为成熟的做法，但是如何把志愿者培训好、管理好、使用好，仍然是值得研究的课题。建议进行专题调研，提出可行的解决方案。

（二）加大安徽省社会组织宣传

在调研过程中，我们发现不少公众对"社会组织"这种提法还是显得有些陌生，以至于在调查开始前需要对社会组织进行简要的介绍，绝大部分一开始不知道社会组织的受访者，在听过介绍之后有恍然大悟的感觉。部分受访者在填写问卷后就公信力问题进行更开放的交流，他们中绝大部分都有为社会公益事业付出努力的意愿，但受到针对基金会等社会组织负面报道的影响，暂时放弃为公益事业出力的决心。这说明，提高社会组织公信力，教育民众也是需要进行的基础工作。

1. 营造有安徽特色的公益文化

西方社会组织的发达的重要原因之一是其具有浓厚的公益文化。这种公益文化一方面来源于宗教，例如大部分美国人都信仰基督教，深受《圣经》的影响，大部分基督教徒从事慈善事业，并不是做给别人看，而是发自内心地对弱势群体的关怀。[1]另一方面，社会公众人物对从事公益事业的呼吁，并且身先士卒，营造了良好的公益氛围，例如卡内基认为"死时越有钱，死的越丢脸"，支持国家征收高额遗产税；2002年时任总统的布什就号召国民积极加入志愿者队伍。结合国内特别是安徽省的实际情况，可以考虑从如下几个方面构建公益文化：第一，根据安徽省的历史文化特点，采用多种方式进行公益文化教育，营造具有安徽特色的公益文化，鼓励公众自发的公益行为；第二，借助多种媒体，加大对安徽省社会组织价值和作用的宣传，让公众明白社会组织的目标和价值，消除误解和误区；第三，建立健全社会组织与公众的沟通机制，增加了解和互信。

2. 加强社会组织与各类学校的合作

除了在社会中营造公益文化，还需要进一步完善社会组织与各类学校的合作机制。不可否认，在校学生是志愿者来源的重要渠道，具有良好公益精神的各类学生也是未来社会组织发展所必须依靠的主力军。借鉴西方经验，在条件成熟的地方和学校，可以试点将学生的志愿服务与学校的学分联系起来，也可以尝试将学生的志愿服务与高一级学校的录取结合起来。美国现任总统奥巴马在被哈佛大学法学院录取时，最打动招生委员会的是奥巴马曾经放弃高薪机会，在芝加哥黑人社区从事了3年收入很低的社会工作。

（三）健全安徽省社会组织监督

1. 政府监督

对社会组织进行有效监督是政府部门的重要职责，也是提升社会组织公信力的重要途径。政府应该转变"重审批，轻监管"的工作方式，通过多样化的监管措施，对社会组织的活动进行监督，以保证社会组织的规范运行。在目前的条件下，政府监管的最基础工作就是建立和完善统一的社会组织信息系统，严格执行社会组织信息公开制度。西方国家在信息公开方面有较为成熟的做法可以供我们借鉴，比如美国的税法规定，非营利机构每年都要向税务部门提交极为详细的

---

① 李静:《美国慈善组织公信力研究》，硕士学位论文，东北财经大学，2012年，第23页。

财务报表，包括该组织每一笔交易的详细记录以及内部管理人员的个人资料，如果某一笔交易涉及欺诈或者内部交易等违法行为，该组织理事机构会被高额处罚，甚至失去免税资格。①在社会组织及时上报详细信息的基础上，为了提高效率，保证政府监督的可行性（在监管实践中，政府部门不可能对所有社会组织的报告进行仔细检查），政府部门可以通过网络信息技术，随机抽取约10%的社会组织进行详细检查，若发现违规现象，对该社会组织进行严厉的处罚。此外，政府主导的社会组织信息系统应该向社会公开，媒体、研究机构和公民也可以根据公开披露的信息对关注的社会组织进行监督。美国有一种做法值得借鉴，美国联邦法律规定，任何人都有权向免税机构查阅该机构最近三年的财务报告，该机构不能拒绝（但可以收取合理的影印费用），否则就会受到处罚。

2. **媒体监督**

媒体的舆论导向能力对社会组织具有很强的监督作用，虽然其本身不具备法律效力，但对社会组织有强大的震慑力，并且政府可以根据媒体的报道，对相关社会组织进行深入调查，根据调查结果进行相应处理。随着我国传媒事业的快速发展，媒体在社会组织监督方面的作用也是越来越大。政府相关部门不应把媒体的监督当做是多此一举，而应该充分借助媒体的力量，真正把社会组织的情况"晒"在阳光下。

（四）完善安徽省社会组织评估

对社会组织进行监督可以守住法律底线和道德底线，保证社会组织在正确的轨道上运行。在监督的基础上，可以再对社会组织进行评估，促使其明确使命、提高运作效率和绩效，从而提高社会福利。

1. **科学落实政府层面的评估**

从政府层面对社会组织进行评估已经有了相对成熟的办法。民政部自2012年3月1日开始实施《社会组织评估管理办法》，该办法认为社会组织评估工作应当坚持"分级管理、分类评定、客观公正的原则，实行政府指导、社会参与、独立运作的工作机制"。各级人民政府

① 李静：《美国慈善组织公信力研究》，硕士学位论文，东北财经大学，2012年，第30页。

民政部门按照登记管理权限，负责本级社会组织评估工作的领导，并对下一级人民政府民政部门社会组织评估工作进行指导。对社会组织的评估实行分类评估，对社会团体、基金会实行综合评估，评估内容包括基础条件、内部治理、工作绩效和社会评价；对民办非企业单位实行规范化建设评估，评估内容包括基础条件、内部治理、业务活动和诚信建设、社会评价。评估的结果作为相应奖励和处罚的依据。政府层面对社会组织进行的评估非常重要，也关系着社会组织的长远发展，但其有评估次数较少（评估等级有效期为5年），更多关注评估的结果而不是过程，行政色彩较浓，花费的人力财力较高等不足之处，需要采用其他评估模式加以补充和完善。

2.　**引导建立第三方评估机制**

所谓第三方（the third party）是指除了第一方（被评估对象）和第二方（服务对象）之外的那一方，通常是跟第一方和第二方没有必然隶属关系和利益相关性的独立第三方[①]，因此第三方需要具备独立性、专业性和权威性等特征。独立评估机构在国外已经发展较为完善，比如美国的National Charities Information Bureau（NCIB）、Council of Better Business Bureaus（CBBB）等。就目前安徽省的情况而言，可以由民政厅牵头，由省内相关学科实力较强的高校和科研院所组成，成立两至三家第三方评估机构，分别独立的对安徽省的社会组织公信力进行评估。借助专业人士在专业理论和技术上的优势，通过合理组织，提高第三方机构的权威性和专业性。第三方评估内容可以借鉴国际主流的3E理论，即经济（economy）、效率（efficiency）和效果（effectiveness），亦可以参考邓国胜等提出的社会组织评估框架（包括问责性评估、绩效评估、组织能力评估），当然还有其他评估体系和指标可供参考，限于篇幅在此不再展开。评估方式最好是过程式的，即不仅要提供评估结果，而且需要在评估过程中吸纳社会组织及利益相关者参与，通过评估提出改善和提高评估对象公信力的具体途径。

---

① 石国亮:《慈善组织公信力重塑过程中第三方评估机制研究》，载《中国行政管理》2012年第9期。

中国语境下社会中介组织治理问题研究①

朱丽霞

摘要：社会中介组织是随着我国市场经济体制改革进程而出现的，在社会公共生活中发挥着重要作用。社会中介组织是一个具有典型中国特色的概念，文章在明确其功能与范围的基础上对此概念进行了简要界定。当前制约社会中介组织发展的瓶颈在于社会中介组织法律地位不清晰、监管体制薄弱、服务能力有限、存在公益腐败以及社会公信度低下等方面的问题。为了有效解除治理危机，遏制社会中介组织发展过程中的不良现象，必须补充和完善相关法制建设，全面加强有关社会中介组织的立法、司法与执法规制。

关键词：中国；社会中介组织；治理；危机；对策

改革开放以来，为了满足我国经济转型和社会发展的需要，在社会实践领域中普遍兴起了一种特殊类型的社会组织——社会中介组织。社会中介组织的现实存在与发展问题研究是具有典型中国特色的一个话题。提起这种特殊类型的社会组织，上至执掌权力的政府高官、学富五车的学界专家，下至平凡普通的市井小民、学识有限的平头百姓，对于社会生活中各式各样的社会中介组织都非常熟悉，恐怕皆能屈指数来，滔滔不绝。但是，一直以来，要对这一特定的概念及其特征、类别作出一致性或权威性的学科界定却是一大难题。为了研究的需要，本文从社会中介组织的概念入手，针对中国语境下社会中介组织治理中出现的一系列典型问题及其解决对策进行了分析。

---

① 此文原载于《行政与法》2010年第6期，第16—18页。收入此论文集时有改动。

一、社会中介组织概念解析

社会中介组织是社会历史发展的产物，是市场经济发展的客观需要，是政府职能转变的必然要求。也就是说，社会中介组织是随着我国市场经济体制的改革进程而出现的。中国的经济体制改革是对传统计划经济体制的一个改造过程。在我国放松经济管制，实施市场机制改革的过程中，政府和原来统领的经济与社会生活逐渐分离开来，在这个分离的过程中，为了适应经济与社会发展的需要，社会中介组织应运而生。在经济发展与社会管理领域中，社会中介组织担当桥梁和纽带作用，为各市场经济主体以及社会单元提供各式各样的服务和管理工作。

社会中介组织这一概念是具有典型中国特色的术语。在西方国家，往往更多采用的是"非政府组织"、"非营利组织"、"第三部门"、"志愿者组织"等等指称，泛指包括除政府公共部门和以营利为目的的企业之外的所有法人组织，其数量众多，覆盖面广、渗透性强，已成为现代三元社会结构中的重要组成单元。西方国家这些称谓与我国惯用的社会中介组织这一概念既有共性又有区别。非政府组织强调的是其区别于政府组织的非官方特性，非营利组织强调的是其非营利的公益特性，第三部门强调的是与政府和市场领域相区别的第三域组织的集合，志愿者组织强调的是其组织成员的志愿性，而我国的社会中介组织则是从政府与企业、政府与公民之间的居间媒介作用出发进行的界定。这是各国在用词习惯以及界定范围上的差异所造成的，其涵义宽窄不一，但均是针对政府部门与企业部门之外的社会组织。

人们理解社会中介组织，首先是从狭义层面，即从"市场中介组织"开始的。一般而言，市场中介组织，亦或称"中介组织"或"中介机构"就是大多数人所熟悉或能直接联想到的社会经济生活中已约定俗成的中介组织。政府关于市场中介组织的专门表述可见于中国共产党在十四届三中全会通过的《中共中央关于建立社会主义市场经济体制若干问题的决定》，决定指出，要"发展市场中介组织，发挥其服务、沟通、公证、监督作用。"这里所谓市场中介组织，是指与市场经济主体处于同等法律地位，为其经济活动提供信息、咨询、沟通等服务功能的组织。①这是单指为市场主体提供服务，不具有任何超乎市场经济主体地位的公共管理权力和行政影响力的组织实体。诸如律师、公证仲裁、审计、会计、资产评估、工程监理、税务代理、专利（商标）、产权交易、房屋中介、职介、广告、旅行服务等类型的机构。

官方正式提出社会中介组织这一概念是在1998年召开的九届人大一次会议上。会上，罗干作了《关于国务院机构改革方案的说明》，其中明确提出：随着社会主义法制的完善和社会中介组织的发育，需要及时改革政府机构设置原则和职能运作方式，明确界定政府、企业和社会中介组织的责任，实现社会主义市场经济的法制化、规范化。至此，社会中介组织的概念在我国得以普遍使用。

而对于社会中介组织这一概念的内涵认定，当前学术界众学者尚无统一的说法。学者吕凤太较早的提出社会中介组织是非政府性质的社会事务管理机构。②此后，张云德从政府与个人的角度提出社会中介组织是指介于政府、企业和个人三者之间，为提高社会效率而从事沟通、协调、评估、检验、监督、咨询、仲裁等活动的专门机构，是介于政府与市场之间、政府与社会之间的桥梁和纽带，是他们之间的传导体和润滑剂。③文正邦、陆伟明从对社会乃至国家的影响力角度区分了社会中介组织以及市场中介组织的作用，指出社会中介组织包括市场中介组织以及因行政改革和社会团体、事业单位体制改革而重新组建或产生的一系列中介组织，将社会中介组织界定为处于政府与公民或企业之间，起沟通、联结作用，承担特定的服务、协调、监督、管理职能的具有相对独立法律地位的社会组织。④此外，中国行政管理学会课题组在2005年的《我国社会中介组织发展研究报告》中，对社会中介组织进行了系统概况，提出社会中介组织是按照一定法律、法规、规章或根据政府委托建立的，遵循"独立、客观、公正"原则，在社会生活中发挥服务、沟通、监督等职能，实施具体的服务性行

① 丁凤楚：《论社会中介组织的法律地位》，载《福建法学》2005年第3期。
② 吕凤太：《社会中介组织研究》，上海：学林出版社，1998年版，第123–125页。
③ 张云德：《社会中介组织的理论与运作》，上海：上海人民出版社，2003年版，第15页。
④ 文正邦、陆伟明：《非政府组织视角下的社会中介组织法律问题研究》，北京：法律出版社，2008年版，第101页。

为、执行性行为和部分监督性行为的社会组织。①

从以上定义可以分析得出,虽然学者们对社会中介组织在定义上各不相同,但普遍都是从广义层面界定社会中介组织的内涵,开始与国际社会通用的"非政府组织"等概念接轨,其概念外延除了包括市场中介组织以外,还包括社会上的社会团体、基金委、民办非企业单位以及商会,乃至事业单位、人民团体、基层群众自治组织等社会组织。这些都是处于国家机关与企业之间、政府与市场之间、国家与公民之间的中间环节。这里所谓的社会中介组织,其范围非常宽泛。从以上学者们的分析中还可以找到某些共同点,即他们都不约而同地强调了社会中介组织的中介性、社会性、协调性和监督性,独立、客观、公正是所有社会中介组织的共有原则,而这一点恰是下面所要分析社会中介组织的出发点。②

考虑社会中介组织与政府组织以及企业组织的区别,综合学者们对于社会中介组织的定义,突出其作为非政府组织的非官方性以及作为居间媒介的中介性,我们可以将社会中介组织理解为:区别于政府和企业,一切具有中介性和民间自治性,承担特定的沟通、服务、协调、监督、管理职能的具有相对独立法律地位的社会组织。

二、中国语境下社会中介组织治理危机分析

社会中介组织在我国市场经济社会中是最活跃的角色之一,对社会公共生活产生着重要影响。然而在目前,社会中介组织在具体运作中仍然面临着较大的困境,主要表现在法律地位不清晰、服务能力有限、存在公益腐败以及社会公信度低下等方面。

(一) 社会中介组织法律地位界定模糊

在传统社会,所有的民众都是国君的子民,都是依附于国君之下的,都是国君的附属品,应当绝对地服从于国家,服从于君主。当近

---

① 中国行政管理学会课题组:《我国社会中介组织发展研究报告》,载《中国行政管理》2005年第5期。

② 殷晓彦、刘杰:《试析社会中介组织概念的内涵、外延及其他》,载《社会工作》(下半月)2010年第5期。

代社会独立、主权、自治、平等等进步思想逐渐传入，公民的权利意识开始觉醒，但由于缺乏自主的培育机制与适宜的制度环境，中国的公民社会在政府的主导之下，自上而下地演变成型。社会的变革程度以及公民社会的发展程度，由政府在既定的政治经济秩序下供给制度的能力和实施变革的意愿所决定。因此，在这种背景下我国公民社会发展的历史缺陷以及政策法规规定的模糊性，导致近三十年来兴起的很多社会中介组织法律定位模糊，具有明显的"官民二重性"，即同时具有官方性和民间性，且政府选择较社会选择更具优势。全国牙防组通过做不合法的中介认证牟利，在运作中"脚踏三只船，行政利益、市场利益、慈善利益三者全得"，①这是社会中介组织典型的官民不分，利用行政影响增加自身利益的实例。

在我国现有的社会中介组织中，有相当一部分是政府自上而下创办的，具有典型的半官方性质或准行政性质，即由传统的事业单位、人民团体和社会团体转制而来，尤其是一些层次较高、规模较大、群众基础较好的群众团体，比如工会、妇联、共青团、残联等，在历史上形成了与政府的特殊关系。②这些组织成为历次政府机构改革进行人事调剂的"蓄水池"，在其机构设置、运行机制、组织管理以及人员构成等方面无不打下了政府系统深深的烙印。换言之，现有的部分社会中介组织实际上是官方色彩很浓的准行政组织。

社会中介组织的法律定位模糊，其活动本身更是兼有公益性和营利性两重特性，在资金来源上通常既有公益资助，也有营业收入。③鲜明的营利性往往造成社会中介组织社会评价不高以及社会公信度缺失，导致其既不能作为一个整体获得国家法律和制度上的认可，也不能作为一个整体有效地动员社会资源，获得社会的支持。

（二）社会中介组织监管体制存在缺陷

社会中介组织具有一定的志愿性、公益性特点，但由于自身认识角度的差异以及所处情境的不同，社会中介组织对公益的理解可能存

---

① 杨团：《从一个案例看社会中介组织》，载《长江日报》2009年6月3日。
② 马飞翔：《入世与中国NPO的发展》，载《江西行政学院学报》2002年第2期。
③ 王名：《中国民间组织30年——走向公民社会》，北京：社会科学文献出版社，2008年版，第5页。

在差异,自然也可能背离宗旨或违法乱纪,因此必须有政府的监管。

我国对社会中介组织的监督管理主要体现在三个方面:一是登记机关的监督管理;二是各主管部门和行业协会的监督管理;三是国家和省(市)通过制定政策法规加强监督管理。[①]

目前对社会中介组织监管的法律法规不健全,至今尚无一部专门的社会中介组织管理法律文本,立法层级普遍不高。除《公益事业捐赠法》、《注册会计师法》、《律师法》、《仲裁法》外,有关社会中介组织监管的法律规范大都散见于行政法规和地方性法规中。现有法律规定多以程序性规定为主,侧重于对社会中介组织的登记程序和业务管理流程做规定,缺乏相应实体规定,因此在具体监管实践中法律空白太多。

同时,缺乏统一规范的监管体制和统一协调的监管机构。当前我国对社会中介组织实行的是"双重管理体制",即登记管理机关和业务主管单位共同对社会中介组织实施管理。按照国务院1998年颁布实施的《社会团体登记管理条例》规定,社会中介组织的登记、年检等监管工作由登记机关负责,而具体业务监管工作另由其他部门负责。这样一来,对社会中介组织的监管涉及如民政、工商等十几个部门。监管缺乏统一口径,监管主体各自为政,多头监管,加上监管投入不足,责任意识不强,以及受到部门利益的牵制,致使政府对社会中介组织的虚监、漏监、弱监的现象比比皆是。且登记管理机关和业务主管单位责任不清,分工不明,造成监而不管,使一些中介组织违规经营行为较多。登记管理机关受到手段缺乏、经费少、队伍不齐等因素的制约,往往偏重登记注册性的管理,对各类中介组织的日常运行缺乏有效监管。也正因为登记管理机关仅需强化政府在准入环节对社会中介组织的限制,而回避了在日常运行中可能发生的直接冲突,使得社会中介组织在登记注册成为合法组织之前,必须首先满足政府部门的利益需要,成为政府所属的一定职能机构所需要和能够控制的对象。一旦政府利益与公共利益发生冲突,社会中介组织的公益性就难以保证。而业务主管单位因为有自己的主业,它们没有精力或不愿意对挂靠的社会中介组织进行有

---

① 中国行政管理学会课题组:《我国社会中介组织发展研究报告》,载《中国行政管理》2005年第5期。

效的监督和管理，甚至有的业务主管单位向中介组织收取管理费，但并不履行法律规定的监督责任。①

（三）社会中介组织专业服务能力有限

双重管理体制导致社会中介组织独立性有限。对于非营利性社会中介组织而言，其运作资金主要来源于政府拨款，而政府的资助，无论是范围还是数额，都远远不够。根据清华大学非政府组织（NGO）研究所2000年对全国社团组织的抽样调查显示，我国社会中介组织发展所需的资金普遍不足。而资金是一个组织实施项目的必要条件。因此，政府对社会中介组织的让利意愿和让利程度必须进一步扩大，对其支持力度必须进一步扩大。同时我国社会中介组织也必须寻求其他途径，如从尽量扩大营业收入，广泛吸引社会的关注，获取各类民间捐赠等方面，广泛拓展自己的资金汲取渠道，解决自身发展的资金瓶颈问题。

资源缺乏是我国社会中介组织发展面临的又一大困境。据调查，我国社会中介组织在实施项目，开展活动的过程中，普遍面临着活动场所与办公设施难以到位的情况，这被列为继资金瓶颈问题之后第二大主要问题。此外，社会中介组织的组织人才资源也极为缺乏，从业人员素质低下。由于大多数非营利性社会中介组织本身的特殊性质，它们在引进人才时也强调志愿性的服务而无法提供足够的报酬，因此很难吸引高素质专业人员的加入，而只能依靠有爱心的义工来提供业余服务。由于社会中介组织中普遍缺乏具有较高文化知识素质，精通本职业务，勤勉尽责的专家队伍，导致组织服务的专业性不强以及组织管理落后、管理能力水平低下等问题。而少数营利性的社会中介组织，由于其规模有限，运作障碍多，也没有实力吸引专业人力资源的注入，以致无法有效动员与合理整合社会资源去提供优质服务。

另外，由于相当一部分社会中介组织具有准行政性质，由行政组织来提供社会公共物品和服务，它们与消费者之间必然存在地位的不对等性。这种官方性的民间组织在提供公共物品的过程中也是如此

---

① 朱虹：《反思与重构社会中介组织监管模式》，载《中共四川省委党校学报》2012年第2期。

（至少在思想意识层面上就具有这种不对等特性）。因此，办事拖沓、纪律松散等问题就普遍存在于这一组织中。要改善这一现状，必须从根本上调整其与政府之间的依赖关系，建立真正互补互动的协调合作关系。

（四）社会中介组织存在公益失灵

在我国经济转轨与社会转型的过程中，由于政府退出直接经济管理领域而产生了不少权力真空地带。而社会中介组织以其运作的灵活性和提供服务的多样性，为弥补这些权力真空，推动经济和社会快速发展起到了极其重要的作用。然而，现阶段，有些社会不良现象却盯上了规模小巧、专业灵活的社会中介组织，通过吸纳、引诱社会中介组织参与从事不良行为，导致其应有的社会公益价值被部分甚至完全颠覆。随着改革开放的深入，很多社会中介组织承担起了政府下放的部分社会管理职能，本应该本着公正、诚信的态度履行其实施社会管理，提供社会服务的职能。可是，在实践过程中，往往有很多社会中介组织提供服务不是为了实现全社会的公益，而是为了少数人或者特定群体的共同利益，甚至可能为了增进这些人或者这一特定群体的共同利益去公然损害其他社会成员的合法利益或者全社会的公共利益。一旦社会中介组织陷入"公益失灵"或"公益腐败"的泥沼，一方面其自身的存在意义就丧失了，另一方面对社会的危害也是极大的。

对此，中央电视台《焦点访谈》栏目曾经做过"社会中介组织参与腐败"的系列专题报道。经过调查，媒体发现近几年来，腐败不再是国家机关及其工作人员的"专利"，而由社会中介组织参与或引发的腐败案件逐渐呈上升趋势。报道中明确提到，在一些社会公证、财务、审计、评估、咨询、信息以及经纪机构之中，本应该以独立、公正、诚信为职业准则，但是在近来的腐败案件中却越来越多地见到了这些社会中介组织的身影。对此，该系列报道分别选取了典型案例，剖析了社会中介组织参与腐败的三种主要行为：行贿、造假和洗钱。这三种新型腐败行为，影响极其恶劣，但由于其形式极为隐蔽，发现和定性的难度非常大，要遏制这类腐败行为，维护社会公平与正义，必须在法律规制环节多下工夫。①

三、完善法律规制，促进社会中介组织良性发展

化解社会中介组织发展过程中现存的危机，必须从完善社会中介组织的监管体系出发，在充分发挥行业协会自律作用的同时，完善法律规制，促进社会中介组织良性发展。

在市场经济条件下，行业服务、行业培训等专业职能大都交由行业协会来完成。因此，完善社会中介组织监管体系必须发挥行业协会的作用。行业协会是一种由会员自发成立的、以行业为标识的、民间的、非营利的、互益性的组织。行业协会在行业管理方面具有天然的专业优势、力量整合和行业约束功能。行业协会通过建立行业自律的规章制度，对行业实行规范化、制度化的监管，使各会员单位对该行业的运作形成合理预期，避免机会主义行为。通过加强对下属会员单位和从业人员的执业操守、纪律遵守、违法行为等的监督，切实肩负起行业自律的执行者角色。

此外，法律制度环境的欠缺，缺乏必要的监管和规制是导致我国社会中介组织诸多问题得不到根本解决的症结所在。补充和完善相关法制建设，有助于遏制社会中介组织发展过程中的不良现象，提升社会中介组织的社会公信力与社会影响力，促进社会中介组织在政府—社会—市场之间更好地发挥好桥梁作用。

（一）努力完善社会中介组织相关立法

我国关于社会中介组织的法律规范主要有《事业单位登记管理条例》、《社会团体登记管理条例》、《民办非企业单位登记管理条例》，以及其他各种规范社会中介组织的单行法规、行政规章和其他规范性文件中以章节或条款规定的法律规范。目前，我国已经对一些重要的社会中介组织、中介服务颁布了相应的法律、法规，譬如《中华人民共和国注册会计师法》、《中华人民共和国律师法》、《中华人民共和国证券法》等。这些法律规范对于社会中介组织的创立及其权力的行使

---

① http://news.xinhuanet.com/video/2009-04/21/content_11228511.htm。

都发挥了一定的监督作用。但无论就数量还是范围而言，这些已经出台的法律都不够健全和完善，难以充分发挥理想的法治作用。相对于社会中介组织的发展需求来说，我国社会中介组织的相关法律规范还是远远不足的。另外，现有法律规范由于制定主体不一，法律规定之间相互冲突、不协调、不配套等问题严重，法律规制体系缺乏严谨性和统一性。

相较于会计师协会、律师协会以及证券业协会能够有专门而独立的法律规范作为监管依据而言，社会中相当部分的社会中介组织还游离在专门法律法规之外，只能是依据一些行政法规、行政规章甚至其他规范性文件中的全部或者部分章节、条款规定的内容来进行，这在代理、评估、咨询、职介等业务领域尤为明显。依靠行政法规或规章条文进行管理，会对社会中介组织的管理产生两个方面的不利影响：一方面囿于发展地区经济、行业经济的目的，行政法规或规章带有地区局限性，使得地区、部门条块分割的现象严重，致使管理混乱，无法形成统一管理的格局，地区封锁、行业封锁等现象大量存在，破坏了正当竞争的秩序；另一方面，与法律相比，行政法规及以下规范性文件内涵不够明确、严谨，对其外延的理解、把握也因人而异，这种情形下，社会中介组织更加无法摆脱对政府主管部门的依附关系，无法保持自身的独立性。同时，处于这种外部管理环境下的社会中介组织缺乏统一有效的监督管理部门，无法实现对社会中介组织的统一管理，缺乏社会中介组织发展的整体规划和宏观调控，造成了社会中介组织布局不合理，结构不合理的情况。①

为促进我国社会中介组织健康、有序发展，笔者建议一方面积极展开对原有相关法律法规进行修改、补充和完善，针对现有法律法规中一些责任和处罚不明确的条款加以修订，补充和完善那些在现实生活中实际存在而法律中规范缺失的规定。比如劳动中介在日常生活中大量存在，但却没有一部专门法律予以规范。在此基础上，尽快制定《社会中介组织法》、《社会中介组织促进法》、《社会中介组织注册登记法》等专门性法规。对于一直以来含混不清的社会中介组织的含义、性质以及独立地位予以明确，对社会中介组织的组织机构、权力运作

---

① 郭国庆：《正视中介服务业发展中的问题》，载《光明日报》2003年2月20日。

模式、组织职能和权限范围进行界定，以及对社会中介组织的经费来源、法律责任作出必要的规定。如此一来，对于直接造成社会中介组织社会公信度缺失等等问题都能得到有效解决。此外，还可以考虑在该专门法中，通过独立的篇章，对社会中介组织管理运作与提供服务的行为设定具体的监督机关，可操作性强的监督措施，以保障对社会中介组织的活动实现有效的法制监督。

（二）加强对社会中介组织的司法审查

司法审查是现代法治国家强而有力的救济途径，既是权利保障的最后一道屏障，也是最有效的一种手段，能够有效保障社会民众合法、正当的公民权益。在我国，司法机关对于社会中介组织的审查与监督，主要是指人民法院对社会中介组织的相关行为通过诉讼的途径展开的全面审查。因社会中介组织行为发生争议的，视具体情况的不同，有关组织和个人可以向人民法院提起不同方式的诉讼审查。

社会中介组织与其他组织以平等法律关系发生相应行为的，当事人对此产生争议，可以依法向人民法院提起民事诉讼，追究社会中介组织的民事法律责任。社会中介组织行为涉嫌犯罪的，例如以上谈到的社会中介组织参与贪污、造假以及洗钱等犯罪行为的，则可以依法追究其组织和个人相应的刑事责任。如果社会中介组织是以准行政组织的身份对法律地位不对等的行政相对人实施相应具体行政行为，侵犯行政相对人合法权益的，相对人可以诉请人民法院，请求通过行政诉讼的方式对该具体行政行为的合法性进行审查，追究其行政法律责任，撤销违法的具体行政行为，变更显失公正的具体行政行为。在对具有准行政特性的社会中介组织进行监督，防止其因权力的行使而侵犯社会及成员利益，并依法追究其行政法律责任的过程中，行政诉讼无疑是一项最有效的举措。

对于社会中介组织的相应行为适用于行政诉讼的审查范围，在我国理论界和司法实践界已经有了初步的探索，例如田永诉北京科技大学拒绝颁发毕业证、学位证行政诉讼案件就为学生状告学校获得法律救济打开了司法的大门，同时也开启了教育类社会中介组织成为行政诉讼被告的先例。我国传统行政法学主要是从行为本身的性质及涉及权力的性质来判断一个组织是否具有行政主体资格。因此，将社会中介组织纳入行政法调整对象范围内的前提是判断社会中介组织的行为是否依据一种公共权力，其管理对象是否是社会公共事务。对于社会中介组织依照法律授权或政府委托对社会成员行使公共管理权力的行为，行政法(行政诉讼法)应当予以规范和调整。①上文提到的田永诉北京科技大学案中，北京市海淀区人民法院在认定高校能否作为行政主体成为行政诉讼的被告时，指出在我国目前情况下，某些事业单位、社会团体，虽然不具有行政机关的资格，但是法律赋予它行使一定的行政管理职权。这些单位、团体与管理相对人之间不存在平等的民事关系，而是特殊的行政管理关系。他们之间因管理行为而发生的争议，不是民事诉讼，而是行政诉讼。因而依据《中华人民共和国教育法》、《中华人民共和国学位条例》的相关授权，该案被告北京科技大学成为从事高等教育事业的法人，原告田永诉请其颁发毕业证、学位证，正是由于其代表国家行使对受教育者颁发学业证书、学位证书的行政权力时引起的行政争议，可以适用行政诉讼法予以解决。

加大对社会中介组织的司法审查，尤其是行政诉讼审查力度，通过纠正违法，打击犯罪，以及追究法律责任等途径，不仅可以达到法律惩治恶行，保障社会和公民合法权益的目的，而且可以对社会中介组织起到预防、警示作用，从而避免同样的错误行为。

(三) 严格实施对社会中介组织的执法规制

法制监督根据介入时间的不同，可以分为事前监督、事中监督和事后监督三类。事前监督、事中（日常）监督和事后监督，它们在不同的阶段上体现了法制监督的预防、控制、矫治功能。②从一定程度上来讲，我国社会中介组织出现的很多问题可以归结为政府只重视事前审查和事后监督，而疏于过程管理和监督之故。事实上，对社会中介组织的法律规制，不仅需要事前的立法规制，事后的司法监督，事中的执法监管同样也非常重要。

既然我国对社会中介组织实行的管理体制在短期内不会发生根本

---

① 张荣健:《社会中介组织的行政法律责任探析》，载《甘肃行政学院学报》2004年第1期。
② 张文显:《法理学》，北京:高等教育出版社，1999年版，第316页。

性变更，那么可以根据对社会中介组织实施行政执法监督主体的不同，加强登记机关监督和业务主管部门监督。

登记机关监督主要是指登记管理机关通过对社会中介组织创立时是否具备法定条件进行审查，对社会中介组织的成立登记、变更登记、注销登记前的审查监督，从而对其组织和相应行为进行监督。我国对社会中介组织的统一登记注册始于1988年，而自国务院1998年颁布新的《社会团体登记管理条例》和《民办非企业单位登记管理暂行条例》以来，无论是何种社会中介组织，都必须在成立时向法定登记管理机关申请登记注册，以取得执业证书、登记证书或法人证书。1998年以前成立的社会中介组织要依法向登记管理机关备案。从国外的经验来看，登记机关监督是必要的，国外社会中介组织的成立一般也是通过登记模式，通过登记注册管理机关的登记管理来实现对社会中介组织创立时是否具备法定条件加以审查和监督，以避免非法"黑中介"的产生。我国加强对社会中介组织成立、变更以及注销的审查登记，在成立登记审查时，不仅应该审查申请成立社会中介组织的资格，确认出资人、发起人、经营者是否符合政策规定和执业条件的要求，而且还应该审查其服务承诺以及组织章程，作为日后进行日常运作监管的依据；在变更或注销登记审查时，应该在业务主管单位、登记管理机关及其他有关机关的指导下，参照《公司法》和《企业破产法》的规定完成清算程序。对申请注销登记的社会中介组织还应当加大惩罚力度，提高退出市场的门槛，让中介组织切实感受到自己所从事的是一种高风险、高收入的行业，不公正执业，将会付出沉重代价。[①]

业务主管部门的监督是指主管行政机关对社会中介组织批准成立，对其运行过程中的行为是否符合公益目的，是否违反法律规范、章程等进行监督，接受相关人员就社会中介组织的行为提出的申诉，并依法做出相应裁决与处理。上面提及的我国现行几部有关社会中介组织登记的管理条例，都规定了社会中介组织的成立须经业务主管机关（或审批机关）的批准。根据相关法律，如律师事务所的成立要经司法行政机关的批准，民办学校的创办要经教育行政主管部门的批准

[①] 朱虹：《反思与重构社会中介组织监管模式》，载《中共四川省委党校学报》，2012年第4期。

等。①此外，通过梳理业务主管部门的权责划分，明确分工，落实责任，进一步加强业务主管部门切实履行监管的法律责任，严格实施归口管理、过程监督，从而有效针对社会中介组织可能存在的违法行为进行及时纠正，预防恶劣社会效果的出现。

---

① 文正邦、陆伟明：《非政府组织视角下的社会中介组织法律问题研究》，北京：法律出版社，2008年版，第350页。

论马克思的政治自治思想①

安建增，陈萍

摘要： 马克思的政治自治思想建立在其"自治的本体论"的基础之上，并以其异化理论为逻辑起点，其具体内容有：将社会自治与国家机器的消亡联系起来，认为社会自治是共产主义社会的基本特征；从人的解放的高度来把握政治自治，将政治自治理解为个人自由支配自己权利的重要形式；认为无产阶级民主的实质就是政治自治；在具体实践中有必要实现直接自治和间接自治的有机结合，也有必要采取地方自治和民族自治这两种具体的自治形式。

关键词： 马克思；政治自治；自治的本体论；异化

虽然马克思没有专门论述政治自治②的著作，但其著作中包含着丰富的政治自治思想。也就是说，马克思的政治自治思想不是以系统的论著形式呈现，而是以观点的形式散见在其著述当中。在《黑格尔法哲学批判》、《神圣家族》、《德意志意识形态》、《哲学的贫困》、《共产党宣言》和《法兰西内战》等著作中都包含着政治自治思想。这种散见的呈现形式使得马克思的政治自治思想往往被人们所忽视。因此，梳理并评述马克思的政治自治思想是全面掌握马克思主义政治哲学的重要视角。

---

① 本文原载于《西北大学学报》（哲学社会科学版）2010年第6期，第132–136页。收入此论文集时有改动。

② 社会组织是一种实体化的组织形态，这种组织形态及其运行在政治哲学上被视为是"社会自治"。所以本研究团队在政治哲学层面，对自治及其有关问题进行了研究和探索。

一、马克思政治自治思想的理论基础和逻辑起点

马克思的政治自治思想建立在其"自治的本体论"的基础之上,并以其异化理论为逻辑起点。

(一)自治的本体论:马克思政治自治思想的理论基础

马克思在批判、超越黑格尔(G.W.F.Hegel)和费尔巴哈(L.A. Feuerbach)的基础上确立了一种自治的本体论。

近代以来,西方哲学实现了认识论转向,开始崇尚人的理性,这与中世纪那种对"上帝"的依附倾向相比无疑是巨大的进步。但对理性的过分推崇,又使"上帝万能"变成了"理性万能"①。黑格尔便是这种"理性万能"的典型代表,在他看来,绝对精神作为本体既是"实体"也是"主体"②,"能够发现自己"也"能够恢复自己"③。在这种情况下,作为具体的、现实的人便只能受绝对精神的控制,变得被动、依附而缺乏独立性和主体性。"在这种抽象的世界里,个人不得不用抽象的方式在他的内心中寻求现实中找不到的满足,他不得不逃避到思想的抽象中去,并把这种抽象当做实存的主体"。④显然,在黑格尔哲学中,人受制于外在的抽象理性。所以马克思批评说:黑格尔眼中只有"纯粹的、永恒的、无人身的理性"⑤。费尔巴哈在人本学的基础上指出黑格尔的哲学"不过是变成思想的并且经过思考加以阐述的宗教,不过是人的本质的异化的另一种形式和存在方式",他要把哲学的"主体和客体颠倒过来",实现"存在是主体,思维是宾词"的目标⑥。费尔巴哈确立了人的优先地位,但他只把人看做是"感性的对象",用抽象的"人"取代了"绝对精神"。因此,他与黑格尔一样,

---

① 白刚:《自治的本体论——马克思恩哲学本体论的真实意蕴》,载《人文杂志》2005年第2期。

② [德]黑格尔:《精神现象学》(上),贺麟等译,北京:商务印书馆,1997年版,第10页。

③ [德]黑格尔:《哲学史讲演录》(第1卷),贺麟等译,北京:商务印书馆,1996年版,第28页。

④ [德]黑格尔:《哲学史讲演录》(第3卷),贺麟等译,北京:商务印书馆,1996年版,第8页。

⑤ 《马克思恩格斯选集》(第1卷),北京:人民出版社,1995年版,第138页。

⑥ [德]费尔巴哈:《费尔巴哈哲学著作选集》(上),荣震华等译,北京:商务印书馆,1984年版,第115页。

遵循的都是"他治的本体论"思维。

在马克思看来，"人，作为历史的经常的前提，也是人类历史的经常的产物和结果，而人只有作为自己本身的产物和结果才能成为前提"①。在这里，马克思摒弃了先验抽象的、非历史非实践的形而上学的"他治本体"，建立了一种"自治的本体论"。也就是说，作为"根本"的"人"，既不是黑格尔"无人身的理性"，也不是费尔巴哈"抽象的人"，而是处在一定的社会历史关系中从事生产实践的人，"他们是什么样的，这同他们的生产是一致的——既和他们生产什么一致，又和他们怎样生产一致。"②因此，马克思不再去寻求作为最高统一性的绝对的、抽象的、外在于人的东西，而是在人的"实际生活过程"中寻找解放和发展人的现实道路。正是如此，马克思发现了资本主义社会中的人的异化现象，并认为自治是消除这种异化的根本途径。

（二）异化理论：马克思政治自治思想的逻辑起点

马克思认为劳动是人的本质属性，是人之为人的前提，然而私有制使得劳动成为与人相异化的存在，具体表现在③：一是劳动者与自己的劳动产品相异化。在资本主义社会中劳动产品不被劳动者所占有，反而被"非劳动者"（即资产阶级）占有。这种分配制度加强了"非劳动者"剥削、控制劳动者的能力，使得劳动产品"作为异己的东西"同劳动和劳动者对立了起来。二是劳动者与劳动行为相异化。既然劳动是人的本质体现，那么，劳动就应该是一种自由、自觉的活动，劳动者可以通过劳动来满足自己的需要并实现发展自己的目的。但在资本主义社会中，劳动者与自己的产品相异化，这使得"劳动者在自己的劳动中并不是肯定自己，而是否定自己"。三是劳动者与人的类本质相异化。在马克思看来，"人是类存在物"，人只有通过自觉、自主和自由地劳动才能使自然界"表现为他的作品和他的现实"，进而使劳动对象成为"人的类生活的对象"。在资本主义条件下，"异化劳动把自主活动、自由活动贬低为手段，也就把人的类生活变成维持人的肉体生存的手段。"这样，劳动者就与自己的类本质相异化了。四是人与人

---

① 《马克思恩格斯全集》（第26卷Ⅲ），北京：人民出版社，1974年版，第545页。
② 《马克思恩格斯选集》（第1卷），北京：人民出版社，1995年版，第68页。
③ 《马克思恩格斯选集》（第1卷），北京：人民出版社，1995年版，第41–47页。

相异化。在资本主义社会中，由于劳动者与自己的产品、与劳动本身以及与自己的类本质都相异化了，那么人与人相异化也便成了必然的结果。对于劳动异化的消除，马克思开出的药方是：自治，即劳动者掌握生产资料，并且直接控制生产实践过程，否则人不会独立于资本而存在，劳动异化也就无法消除。当然，"劳动自治"需要相应的政治制度作为支撑。但资本主义社会的国家机器却没能起到这样的作用，因为国家机器也异化了。

《家庭、私有制和国家的起源》中关于国家的经典定义已明确地表述了国家异化的思想："国家是承认：这个社会陷入了不可解决的自我矛盾，分裂为不可调和的对立面而又无力摆脱这些对立面。而为了使这些对立面，这些经济利益互相冲突的阶级，不致在无谓的斗争中把自己和社会消灭，就需要有一种表面上凌驾于社会之上的力量，这种力量应当缓和冲突，把冲突保持在'秩序'的范围以内；这种从社会中产生但又自居于社会之上并且日益同社会相异化的力量，就是国家。"①也就是说，国家机器是为了维护共同利益而建立起来的"社会的工具"和"公仆"。但资本主义社会的旧国家机器的本质是"凌驾于社会之上的机构"②，"由社会公仆变为社会主人"③，成为剥削阶级的"私有财产"，是统治社会、压制社会的力量。国家机器在资本主义制度下异化成了制约社会和人全面发展的桎梏。因此，马克思指出，消灭国家机器实现社会自治（即社会把国家权力收回后实施自我管理）才是人的全面发展的根本途径。自治"在实质上意味着劳动者本人成为自己劳动的主人，他作为自由联合的生产者决定着社会共同体的整个发展，这样剩余劳动就真正成了必要劳动。"④

二、马克思政治自治思想的基本内容

具体而言，马克思的政治自治思想包括以下几个方面：

第一，马克思将政治自治与国家机器的消亡联系了起来。在马克

---

① 《马克思恩格斯选集》(第4卷)，北京：人民出版社，1995年版，第170页。
② 《马克思恩格斯选集》(第3卷)，北京：人民出版社，1995年版，第122页。
③ 《马克思恩格斯选集》(第3卷)，北京：人民出版社，1995年版，第12页。
④ 徐增阳：《论马克思的自治思想》，载《当代世界与社会主义》2009年第6期。

思看来，国家机器不是从来就有的，也不会一直存续，"随着阶级的消失，国家也不可避免地要消失。在生产者自由平等的联合体的基础上按新方式来组织生产的社会，将把全部国家机器放到它应该去的地方去"①。也就是说，共产主义社会是一种自治的人类共同体。到那时，国家机器消失了，人民自己管理自己，实施没有强制特征的社会自治，"国家政权对社会关系的干预在各个领域中将先后成为多余的事情而自行停止下来。"②从这个意义上看，自治是消除异化的最根本途径，也是社会的未来发展趋势。当然，马克思认为国家机器的消亡是一个历史过程，因此他并不主张立即将国家机器消灭掉，并且在无产阶级取得革命胜利之后仍然需要国家机器。当然"这个国家或许需要作一些改变，才能完成自己的新职能。"③这些改变的主要表现便是"人民的自治"，在无产阶级打碎资产主义国家机器之后而建立起的国家政权的核心特征是"生产者的自治政府"④，人民受管理被人民的自治所取代。

第二，马克思从人的解放的高度来讨论政治自治，将政治自治理解为个人自由支配自己权利的重要形式。如上所述，马克思认为未来的理想社会将是一种以社会自治为本质特征的自由人的联合体。也就是说，在共产主义社会中，每个人都具有自主的人格，这种自主的人格将个人的发展置于他自己的控制之下，而不是被国家机器以及其他社会力量所操纵。因此，"每个人通过国家才完全成为一个人"的资产阶级政治哲学观点是错误的，无产阶级"应当推翻国家，使自己作为个性的个人确立下来"⑤；应当"从社会自由这一前提出发，创造人类生存的一切条件。"⑥在此基础上，马克思和恩格斯将未来的政治自治状态明确表述为"代替那存在着的阶级和阶级对立的资产阶级旧社会的，将是这样一个联合体，在那里，每个人的自由发展是一切人的自由发展的条件。"⑦

①　《马克思恩格斯选集》（第4卷），北京：人民出版社，1995年版，第174页。
②　《马克思恩格斯选集》（第3卷），北京：人民出版社，1995年版，第631页。
③　《马克思恩格斯选集》（第4卷），北京：人民出版社，1995年版，第656页。
④　《马克思恩格斯选集》（第3卷），北京：人民出版社，1995年版，第56页。
⑤　《马克思恩格斯选集》（第1卷），北京：人民出版社，1972年版，第82页。
⑥　《马克思恩格斯选集》（第1卷），北京：人民出版社，1995年版，第14页。
⑦　《马克思恩格斯选集》（第1卷），北京：人民出版社，1995年版，第294页。

第三，马克思认为无产阶级民主的实质就是政治自治。在马克思看来，资本主义民主具有虚伪性，其实质是资产阶级的统治。因此，"工人革命的第一步就是使无产阶级上升为统治阶级，争得民主。"①由于无产阶级是"最大多数人"，因而无产阶级民主从根本上体现了民主的本质，消除了资产阶级民主的虚伪性，超越了资产阶级民主。马克思在评述巴黎公社时指出："用最简单的概念来说，公社意味着在旧政府机器的中心所在地——巴黎和法国其他大城市——初步破坏这个机器，代之以真正的自治，这种自治在工人阶级的社会堡垒——巴黎和其他大城市中就是工人阶级的政府。"②进一步说，公社的民主性正是体现在它是工人群众的自治组织，"这是社会把国家政权重新收回，把它从统治社会、压制社会的力量变成社会本身的生命力；这是人民群众把国家政权重新收回，他们组成自己的力量去代替压迫他们的有组织的力量；这是人民群众获得社会解放的政治形式，这种政治形式代替了被人民群众的敌人用来压迫他们的假托的社会力量。"③简言之，无产阶级专政下的政治制度真正体现了民主，政治过程和公共生活是人民自己的作品，体现的是人民自己的"尺度和需要"，个人因此而不再与国家机器和政治共同体相分离。所以马克思指出，无产阶级的自治政府是真正体现民主的政府形式，"是生产者阶级同占有者阶级斗争的产物，是终于发现的可以使劳动在经济上获得解放的政治形式。"④

第四，马克思眼中的政治自治是直接自治和间接自治的有机结合。唯物史观使马克思考虑到了政治自治的具体实践形式。马克思认为不同国家的不同条件和不同实践，决定了无产阶级夺取政权以后需要采取直接自治或间接自治两种不同的政治自治形式，"无产阶级革命将建立民主的国家制度，从而直接或间接地建立无产阶级的政治统治。"⑤直接的无产阶级政治统治是指工人阶级普遍地直接参与国家事务和地方公共事务的管理，这是直接自治，本质是直接民主；间接的无产阶级政治统治是指由工人阶级的代表参与国家事务和地方公共事务的管理，这是间接自治，本质是间接民主。

① 《马克思恩格斯选集》（第1卷），北京：人民出版社，1995年版，第293页。
② 《马克思恩格斯选集》（第4卷），北京：人民出版社，1995年版，第120–121页。
③ 《马克思恩格斯选集》（第3卷），北京：人民出版社，1995年版，第95页。
④ 《马克思恩格斯选集》（第3卷），北京：人民出版社，1995年版，第59页。
⑤ 《马克思恩格斯选集》（第1卷），北京：人民出版社，1995年版，第239页。

第五，马克思还认为在政治实践中有必要采取地方自治和民族自治两种具体的自治形式。就国家结构形式而言，马克思认为中央政府的职能应该建立在地方自治的基础之上。只不过地方自治不再是中央与地方"纵向分权"的产物，而是人民实施自治的重要途径。"公社的存在本身自然而然会带来地方自治，但这种地方自治已经不是用来牵制现在已被取代的国家政权的东西了"①，而是把国家机器所吞噬的权力归还给社会的一种具体形式。

马克思的民族自治思想包括两个层面。一是民族自决。即在民族平等的基础上，各民族有自己选择自己发展道路的权利和自由。马克思和恩格斯在对爱尔兰工人运动进行研究后认为，全世界的民主变革和工人运动的国际联合都必须以各民族的自决为基础。马克思在谈论波兰问题时也曾指出："必须在运用民族自决原则的基础上，并通过民主和社会主义基础上恢复波兰的办法，来消除俄国佬在欧洲的影响"。②二是民族区域自治。马克思认为民族区域自治是统一的多民族国家解决民族问题应采取的政治实践形式，也是地方自治的一种形式，并且这种建立在民族基础上的地方自治"是革命的最有力的杠杆"。

三、马克思政治自治思想的评价：一个比较的视角

西方政治哲学（即非马克思主义政治哲学）中也有丰富的政治自治思想。那么，与西方政治哲学相比，马克思的政治自治思想的特点是什么，在哪些方面发展了自治理论呢？对于这些问题的回答，有助于全面认识马克思的政治自治思想。

第一，西方政治哲学是在"抽象的权利"和"人的理性"基础上构建自治思想的，马克思政治自治思想的内在依据则是"人"和人的全面发展。

从马基雅维利（Niccolò Machiavelli）开始，西方政治哲学实现了近代转向，开始摆脱宗教政治观的影响，用"人的逻辑"观察和解释

---

① 《马克思恩格斯选集》（第3卷），北京：人民出版社，1995年版，第58页。
② 《马克思恩格斯全集》（第19卷），北京：人民出版社，2006年版，第164页。

政治现象,认为国家权力、政治生活等都是个人理性的结果,自治实践及自治权也不例外——理性是自治的内在依据,人们依靠自己的理性可以很好地管理自己,不需要外在治理主体的存在。相反,外在治理主体的控制和干预会对理性和权利带来损害。具体而言,自治不仅意味着拥有抵御外来干涉和影响的权利,也意味着建立了一座不受外部控制的自主行动空间;社会摆脱国家干预而实施自治,可以充分释放理性的作用,发挥公民社会自我调节和自我管理的功能。显然,西方政治哲学崇尚理性及其衍生品——自治是为了限制政府的直接作用范围,减少公共权力的干预边界,以实现先验抽象的天赋权利,其根本目的并没有落脚在作为本体的具体的实践的"人"以及人的全面发展。

而马克思的自治思想从具体的实践的人出发,以"自治的本体论"为理论基础,认为旧国家机器导致了人的异化,因而需要以自治的方式来代替国家机器进而消除人的异化,实现人的全面发展。马克思所处的资本主义制度的实质是"资本具有独立性和个性,而活动着的个人却没有独立性和个性",马克思要做的正是推翻这些奴役人的制度,变"资本"的独立性和个性为"人"的"个性、独立性和自由"[①]。显然,马克思的政治自治思想不是从抽象的天赋权利出发而得以论证的,而是在"异化"这一历史事实的基础上建立起来的,政治自治的根本目的是"人"以及人的全面发展。

第二,西方政治哲学将自治视为限制国家权力的一种手段和与国家机制并存的"局部的治理机制",马克思则将政治自治视为国家机器的替代品。

一方面,西方政治哲学中的自治不是替代国家的产物,而是一种限制国家权力、实现政治民主的工具。西方政治哲学中有一个影响非常大的观点,那就是国家权力的合理运行需要建立在"权力分解、相互制衡"的基础之上。因此,西方政治哲学家们设计了多种权力分解和制衡的实践模式,除孟德斯鸠(Montesquieu)的三权分立的权力结构外,自治也是权力分立的重要方式:一是麦迪逊(James Madison)等联邦党人推崇的纵向分权模式,即以地方自治制衡中央权力;二是

---

① 《马克思恩格斯选集》(第1卷),北京:人民出版社,1995年版,第287页。

达尔（Robert Dahl）等多元主义者推崇的横向分权模式，即以社会自治制衡公共权力。

自治是国家机制之外的另一种协调政治关系、处理公共事务的治理机制。为了组织政治生活、实现共同利益，人们采取了两类合作策略：一是设置公共权力，通过国家机制来克服政治合作的难题。无论自然状态是"洛克（John Locke）式"的完备无缺的自由状态，还是"霍布斯（Thomas Hobbes）式"的"狼与狼"的战争状态，都存在着一个致命缺陷——缺乏保障政治合作和公共秩序的制度与力量，人们的权利因此而无法得以保全。相反，"一个拥有高度制度化的管理组织和程序的社会，更能阐明和实现其公共利益。"[①]因此，建立在公益和公意基础上的国家机制是一种至关重要甚至是不可或缺的治理机制。二是建立在理性合作基础之上的自治策略。自治作为个人或共同体管理自身事务实现自责自负的治理机制，构建了一种不受外部力量直接干预的自主活动空间，目标由成员自己确定而不是以外部命令的形式出现，支配自治系统的法律制度来自于成员自己而不是别人。这样便能够充分发挥成员的主体性、积极性和创造性，也便于自治主体便捷迅速地处理自身的事务。自治因此成为协调政治关系、解决公共问题的有效的制度安排之一。

相反，马克思认为政治自治是消除异化的途径，将自治与国家机器的消亡联系起来理解，并从人的解放的高度来讨论政治自治（如本文第二部分所述）。马克思没有将自治当作一种与国家机制并存的限制国家权力、实现自主权利、践行民主和解决公共事务的一种手段，而将自治当作一种替代国家机器的形式，并且认为自治是人类解放和人的全面发展的重要途径。因此，在共产主义这个理想的"自由人的联合体"之中，只有建立在自由个性基础上的社会自治而完全没有国家机器。

第三，西方政治哲学的自治思想因"理性悖论"而陷入"二律背反"的漩涡，马克思的政治自治思想则因立足于"实践"而有很强的说服力。

政治自治之所以被西方政治哲学所看重，原因在于自治是人们践

---

① [美]塞缪尔·亨廷顿：《变革社会中的政治秩序》，李盛平译，北京：华夏出版社，1988年版，第24–25页。

行民主、自主行动的重要方式，也有助于消除政府和国家权力的威胁。当然，西方政治哲学家们也非常明白，自治作用的有效发挥必须建立在完全理性的基础之上：个人或者集体可以通过自己的理性合理便捷地处理自己的事情，实现自治系统内部的有效治理。然而哈耶克（F.A.Hayek）警告说：完全理性的观点是一种"致命的自负"，有限理性更符合现实。①理性的有限性使得自治主体无法很好地形成秩序，处理自治系统的内部事务，而必须由外在的主体予以规制。"国家是必要的恶"便充分地表达了西方政治哲学在"理性悖论"面前的无奈：为了实现自由权利和限制权力，不得不高扬理性，主张自治；可理性的局限又显而易见，所以不得不把"恶"的国家请回来，用以消除自治的局限。西方政治哲学所面临的这一问题正是出在了它所遵循的"理性万能论"那里：抽象的理性是政治自治的依据，但实践中的理性常常表现为有限性，不足于支撑自治的有效实施，自治因此而陷入了"二律背反"的漩涡。

马克思则从实践出发，从异化的事实推导出自治的必要性及其发展趋势。这一问题在本文的第一部分已有阐释，在这里仅强调：马克思政治自治思想的逻辑起点不是什么虚无缥缈的东西，而是资本主义社会的生产实践和政治实践所产生的异化。由于立足于现实实践，马克思的政治自治思想在根本上超越了空想社会主义和无政府主义。空想社会主义和无政府主义主张立即消除国家机器，彻底实现社会自治，这些观点并不符合现实实践。马克思依据唯物史观强调，国家及其异化的消除、社会自治的全面实现都必须建立在一定的生产力基础之上，因此，"以自由的联合的劳动条件去代替劳动受奴役的经济条件，只能随着时间的推进而逐步完成"。②也正是这种基于现实实践的唯物史观，使得马克思的政治自治思想跳出了西方政治哲学所囿于的"理性悖论"。

当然，由于马克思的主要着眼点在于构建一种关于"人类解放"的宏大理论，政治自治仅仅以观点的形式散见在其卷帙浩繁的著述当中，因此，马克思对于政治自治的实践可能存在的问题，对于政治自

---

① [英]弗雷德里希·奥古斯特·冯·哈耶克：《通往奴役之路》，王明毅等译，北京：中国社会科学出版社，1997年版，第57页。

② 《马克思恩格斯选集》（第3卷），北京：人民出版社，1995年版，第98页。

治全面实现的具体途径，对于政治自治良性运行的基础条件，对于社会主义时期政治自治的范围、政治自治与国家公共权力的具体关系、政治自治的具体实践形式等问题并没有进行深入的探讨，也没有进行明确地阐述。

自治的现代性及其培育①——对当代中国村民自治的审视

安建增

摘要： 自治是一个现代性的概念，具有自主治理和主体间性双重特征。现代自治制度的设计和自治实践的推行都需要兼顾自主治理和主体间性两个层面。当前中国的村民自治更多是在自主治理的意义上展开的，主体间性虽有所体现但程度较低。主要表现在两方面：一是支撑主体间性的结构性要素发育不成熟；二是体现主体间性的价值性要素有所缺失。因此需要通过自主治理和主体间性的双重推进来促成村民自治的现代性发育。

关键词： 自治；现代性；村民自治；自然安治

自从人类社会产生以来就存在着一种社会管理形式——自我管理，即"自己的事情自己处理"。但自我管理在不同的历史时期具有不同的特征和属性。在传统社会，自我管理具有"自然安治"（self-help in natural state）的特征。近代以来，自我管理在人民主权理论的推动下发展成为现代性的"自治"（self-governance），具有自主治理和主体间性双重特征。如果单纯从自主治理的角度来理解具有现代性的自治的话，将会把自治实践引向歧途。因此，本文便对传统的自然安治和现代的自治进行比较分析，阐释自治现代属性的具体表现，并以此为基础讨论当代中国村民自治的现状和未来发展等问题。

---

① 此文原载于《天府新论》2012年第3期，第110-114页。收入此论文集时有改动。

一、与自然安治相比：自治是一个现代性的概念

在传统中国乡村社会开展的各种形式的自我管理活动维系着基层社会的正常运转，也为中央集权统治的稳定奠定了基础。[①]具体而言，乡里组织、乡约、宗族和乡绅等在不直接依赖皇权和官僚体系的情况下，依据宗法伦理、地缘情感和熟人社会法则以互济互助的方式自行处理乡村社会内部的共同事务，如基础设施建设、提供社会保障、维护基层秩序、裁决冲突、教化乡民等"许多问题乡村皆自能解决"[②]。这种自我管理形式得以出现的主要原因是：在小农经济的条件下，皇权和官僚体系在政治上似乎可以囊括一切领域，但皇权和官僚体系在制度安排、机构设置和组织设计等方面存在不足，缺乏型构乡村社会之日常生活的能力，未能直接渗入到乡村社会的日常运作过程当中，这为乡村社会的自我管理预留了巨大的空间[③]。当然，在没有外部资源可以依赖的情况下，乡村社会也只能通过自行组织、自我管理的方式处理有关公共问题。同时，皇权专制制度在很大程度上是为了维护阶级统治、确保皇权秩序而不在于开展公共管理，所以也无意插手乡村事务。只要不危及皇权地位，公权力就会对乡村社会的自我管理活动持默许态度。这样就形成了以"国权不下县，县下惟宗族，宗族皆自治，自治靠伦理，伦理造乡绅"为特征的乡村治理格局[④]。

需承认，传统乡村社会中的自我管理具有自然安治的属性。首先，传统乡村社会的自我管理不是主体意识、权利意识昭示的结果，也非独立主体自责自负的公共行为，而是在皇权无力或无意涉足的空间内自发形成的秩序。开展自我管理的乡里组织、宗族、乡绅等并未在主体性的意义上体认到自我的价值和地位，缺乏作为独立主体参与政治过程、影响公共政策、监督官僚体系运作的诉求。其次，传统乡村社会的自我管理不是国家制度的有机组成部分，乡村社会与公权力

① 薛冰、岳成浩：《古代中国基层自治实践对现代公共管理的意义》，载《西北大学学报》（哲学社会科学版）2009年第2期。
② 梁漱溟：《梁漱溟全集》（第5卷），济南：山东人民出版社，1992年版，第585页。
③ [英]安东尼·吉登斯：《民族国家与暴力》，胡宗泽等译，北京：生活·读书·新知三联书店，1998年版，第10-11页。
④ 秦晖：《传统十论》，上海：复旦大学出版社，2003年版，第3页。

之间的界限并没有得到政治制度的认可与规范,官僚体系只要愿意就可以动用专制机器对某一乡村横加干涉。官僚体系对乡村社会的自主性没有什么期待,也无意对乡村社会的自我管理给予支持和指导。最后,传统乡村社会的自我管理往往采取宗法专制的管理方式,村民个体的权利和主体性并不被重视,甚至常常受到宗法专制的无节制盘剥。村民个体没有参与乡村共同事务、影响集体决策的权利,也缺乏相应的制度性渠道。

现代意义上的自治是在以人民主权为核心内容的权力政治确立之后才得以建构。此时的自治并非自发形成的秩序,"它是指根据某个人或集体所特有的'内在节奏'来赞誉自主品格或据此生活的品格(这需要摆脱外部的强制)的一种学说。"①可以说,现代自治"始于17世纪一系列深刻的社会结构和知识转型",表达的是现代公共生活、政治行为所呈现出来的特有品质和状态,具有不同于自然安治的现代性特征。②

一方面,自治体现了社会自主性,是一种自主治理、积极作为的政治品质。通过自治,社会自治体(基层社会、社会团体等)作为独立的行动主体,可以自主地创制、创议和决策,发挥自我服务、社会整合和自我管理的功能;可以自主地行动起来,追求自己认为正当的价值,实现自责自负。并且,这种自主性得到了政府的认可和支持。也就是说,自治倡导的是一种自主行动、积极作为的现代品质,"它排除了国家的干预,在那里,个人和集体能够选择自己的行为方式,表达他们对生活的意义与价值的理解。"③

另一方面,自治摒弃了国家中心主义的一元化思维方式,彰显了主体间性的现代治理理念。主体间性是指主体间互相把对方看做是平等、独立的行动者,提倡"对白"反对"独白",追求相互理解、沟通的交往理性。对于自治而言,主体间性可以从宏观和微观两个层面来理解。在宏观层面,是指自治体与政府之间相互承认、平等互动、相互赋权。首先,自治被政治制度所确认,是政治制度的有机组成部

① [英]戴维·米勒:《布莱克维尔政治学百科全书》,邓正来等译,北京:中国政法大学出版社,1992年版,第693页。

② Z. Bauman.Mordernity and Ambivalence, Cambridge:Policy Press.1991:4.

③ [美]威廉·盖尔斯敦:《自由多元主义:政治理论与实践中的价值多元主义》,佟德志等译,南京:江苏人民出版社,2005年版,第19页。

分。在自治体和政府之间存在着法定的行为边界，自治体和政府之间是共生并存、各有行动领域和责任范围的、平等互动的二元关系。此间，自治体不仅有自主处理内部事务的主体性格和行动能力，也有主动参与国家政治事务的主体意识和参与精神，拥有参与政治、反映诉求和影响政策的制度化渠道。其次，政府和自治体相互支持、相互赋权。政府对自治体的主体性、行为能力等有一定的期待，这种期待不是一种强制，而是信任和支持。为了提升自治绩效、维持自治秩序并充分发挥自治体的功能，政府在法定范围内对自治体给予一定的指导、帮助和支持。自治体并不是政府的"反对派"和"对抗者"，而是积极作为、自责自负的公共行动者，在某特定领域内发挥自我管理、自我整合的功能，在一定程度上分担了政府的公共责任，因此可以说自治体与政府在这一领域中是一种合作共治的关系。最后，除相互独立、合作共治外，自治体和政府之间还有一种互相监督的关系。自治体并不仅仅单方面接受政府的管制；同时，自治意味着建立了一个多中心的政治秩序，每一自治中心都是独立自主的主体性存在，它们对政府也有一定的监督作用。正是在这种意义上达尔（R.A.Dahl）指出：现代自治作为监督权力（非反对权力）的手段而被推崇，"独立组织有助于防止统治（domination），产生互相控制。"[①]在微观层面，主体间性意味着在自治体内部采用民主参与、多元互动的方式开展自主治理（而不是采取宗法专制的方式实施管理），自治体成员、成员们自主形成的自组织是活跃于自治体内部的多元主体，它们可以通过自由、理性的讨论、协商处理自治体的内部事务，并在此基础上形成一致和秩序。

概言之，与自发形成秩序的自然安治不同，自治是一个现代性的概念，包含着相互缠绕、相互支撑的两个层面：自主治理和主体间性。自治体对内具有自我管理、自我服务和自我发展的功能，对外则担当整合利益、表达诉求和参与决策的角色。自主治理是主体间性的基础，如果没有自主治理、自责自负，自治主体的"主体性"就无从谈起，因此也就无所谓"主体间性"了。主体间性为自主治理设置了一种不受外部力量无端干预的屏障，构筑了一个自主治理得以开展的

---

① [美]罗伯特·达尔：《多元主义民主的困境》，周军华译，长春：吉林人民出版社，2006年版，第29页。

空间，形成了自行选择、自责自负的独立场域；同时，主体间性也使自主治理内蕴的价值实现了超越：既强调自治体参与公共治理，与政府合作共治、相互监督，又提倡成员在自治范围内民主参与、多元互动。因此，现代自治制度的设计和自治实践的推行都需要兼顾自主治理和主体间性两个层面。

中国村民自治从1987年《中华人民共和国村民委员会组织法（试行）》（以下简称"《村组法》"）的颁布（1988年实施）算起，已走过了二十多年的历程，取得了不容置疑的成就。村民自治的基本制度得以确立，村民自治实践对农民主体意识的培育和农村公共领域的构建都起到了推动作用。但不能否认，目前的村民自治实践更多强调的是自主治理，主体间性处于被边缘化的地位。主要表现在两方面：一是支撑主体间性的结构性要素发育不成熟；二是体现主体间性的价值性要素有所缺失。接下来将分别阐释村民自治实践中主体间性处于被边缘化地位的具体表现。

二、支撑主体间性的结构性要素发育不成熟

结构性要素是发挥多元互动、民主参与功能的组织载体的总称。《村组法》中对村委会、村民会议、村民代表会议等群众性自治机制进行了详细地规定，对它们的自我管理、自我教育和自我服务功能给予了重视。但是，体现主体间性的自治生活更多强调多元组织机制的自由讨论、理性协商和平等互动，这需要建立在多元组织机制充分发展、独立运作的基础之上，仅仅依靠村委会等群众性自治机制是不够的。

主体间性需要以一定成熟度的公共领域为基础。公共领域既是乡村多元主体互动的空间，也是乡村与政府互动的支撑力量。在哈贝马斯（J. Habermas）看来，公共领域是介于私人领域和公共权力之间的独立领域。[①]人们在公共领域内的自主交往、双向沟通中体认和培育自主意识和公共意识，因此发育成熟的农村公共领域既有助于抵制外部强制力量的侵蚀，也有助于村民在缺少其他外源性制度和资源支持的

---

① [德]尤尔根·哈贝马斯：《公共领域的结构转型》，曹卫东等译，上海：学林出版社，1999年版，第23页。

情况下，对村内公共事务、对基层政府的政策及其他所关心的问题做出自由、理性地讨论和协商。《村组法》实施以来，村民就选举、村务等发表自己的意见，就不同的意见进行争论、沟通和协调，这无疑显现了农村公共领域的孕育和发展，构成了农村现代化的基础。当然，目前乡村社会公共领域尚未发育成熟，也没有达到哈贝马斯意义上的现代性标准。首先，农村公共领域的开放性和公开性程度不够。政务公开化、公共领域的开放性是村民在公共领域进行自由参与、多元协商和理性讨论的前提条件，也是村民自治现代性发展的趋势。公开性和开放性有助于形成互惠合作的行动策略，参与者在不断的多元协商、理性讨论等互动过程中会逐渐学会放弃"吃独食"，转而采取合作互惠的行动方式。[①]然而，目前农村公共领域常常被家族、经济精英和恶霸势力等"绑架"、侵蚀乃至霸占，而并未对一般的村民个体和村民自组织开放或开放程度较低，致使公共领域内的多元互动程度不够。[②]其次，农村公共领域的公共性不强。据笔者在河北太行山区农村的观察，由于自治实践时间较短、村民的主体意识和民主意识程度相对较低，公共领域中的理性、批判和协商等尚未成为村民的行为惯习，村民们在农村公共生活中更多发生的是闲聊、消遣等一般性的社会交往行为，甚至是无责漫谈，而并非公共行动。最后，农村公共领域的沟通和协调功能并未充分发挥，而"社会撕裂和斗争潜能却过度发展"。[③]村民在追求自我利益时往往无意顾及乡村社会的共同价值观和利益，单纯地将村民自治制度以及公共领域视为挟制基层干部获取狭隘利益的手段，而没有将公共领域内的沟通、协商用于农村公共议题的讨论和农村公共产品的供给。这种情形既没有真正体现公共领域的公共性，也未能消除村民个体之间的利益分歧和冲突，反而扩大了乡村社会的张力。

如果说公共领域是主体间性得以呈现的空间场域，那么村民自组织则是践行主体间性的行动者。尽管村民能够参与村委会的选举，但村民个体的分散性使选举后村民难以参与公共事务的管理，这容易导

---

① B.Kohler etc.The Transformation of Governance in the European Union, London: Routledge, 1999: 3.

② 徐勇：《村民自治的成长：行政放权与社会发育——1990年代后期以来中国村民自治发展进程的反思》，载《华中师范大学学报》（人文社会科学版）2005年第2期。

③ 赖晨野：《现代国家建构、农村民主与社会自治：以农村社会组织建构为基点的分析》，载《社会主义研究》2010年第3期。

致村民自治变为"村干部自治"。为规避这一问题,需要一定数量且拥有相当程度运作能力的村民自组织承担聚合民意、参与村治和处理村务的功能。村民自组织是成员基于共同利益或追求共同价值而自愿结成的组织机制,它为成员提供了参与公共事务的机会和手段,同时凝聚、整合了个体的力量,提升了村民的参与能力、表达能力和社会影响力。因此可以说,如果没有多元的自组织,农村的公共领域将因"主体虚位"而丧失其公共性,村民自治被异化的可能性也会增加。[11]但是,据笔者在河北太行山区调查,除了计生协会、妇联等经由政府倡导、建立的组织外,近一半的村庄没有"草根"性的村民自组织,既有的村民自组织更多聚集在经济领域(如养鸡协会)、农业生产领域(如板栗协会)或文化娱乐领域(如鼓乐队),约占90%。虽然这些自组织偶尔也会参与村治过程,但它们在整合村民利益、表达村民诉求、参与公共决策方面发挥的作用有限。相反,体现沟通、协商和公共参与的具有公共性的村民自组织较少,不到10%。目前的制度设计也没有明确村民自组织在村治过程中的地位和作用。如,2010年新修订的《村组法》仅在第二十二条规定"召开村民会议,根据需要可以邀请驻本村的企业、事业单位和群众组织派代表列席。"这是唯一涉及"群众组织"的条款,而群众组织更多是指共青团、妇联等。"草根"性的村民自组织在村治过程中的地位、参与形式、参与渠道、参与制度和基本权利等在制度上体现不足。由于村民自组织载体的缺失,使得村民自治或者因为利益的原子化取向而沦为一盘散沙地自说自话,无法达成共识形成一致,或者因为个体意见缺乏表达途径而使公共议程成为村干部的独白。因此,促进村民自组织的发展,明确村民自组织在乡村治理过程中的地位并为其搭建制度性的参与渠道是村民自治现代性成长的社会基础。

三、体现主体间性的价值性要素有所缺失

自治的主体间性不仅体现在一定的结构性要素之上,还包括与结构性要素互为表里、相互支持的基本价值和准则。

首先,参与精神。严格地讲,自主治理的内涵较为单一,更多强调独立自主地(即不受干预)处理村内事务。显然,在自主治理这一

层面是无法体现参与精神的，自治的另一层面——主体间性则强调乡村自治体既有权自主处理自己的事务，也可以作为自主的行动者参与国家政治生活，与政府协同治理公共事务。即，在农村内部村民个体以及村民自主结成的自组织都有提出诉求、参与创制、影响决策的权利，如村委选举、村务决策、村务监督；同时，将村委员会等自治组织视为不同于县乡等地方行政区域的地域性自治体，这些自治体作为村民的代表，在整合村民利益的基础上参与更大范围的公共事务和政治过程。①《村组法》以及其他相关制度并没有重视这一问题，更多强调的是村民对本村事务的民主参与和对村委会的民主监督，而忽视了村民自治体对国家政治生活和公共事务的参与。同时，据笔者调查，村民在自治实践中更多关注的是村内事务，对村外公共事务的参与积极性不高，功效感也比较低。

其次，自由原则。政治哲学视野下的自由在根本上并非是唯我意志和彻头彻尾的自私自利，而在于保护个体公民的正当利益不受无端损害。无论是多数还是少数，其正当利益都应该得到正视和保护，这是主体间性的应有之义。在今天，"'多数人暴政'（the tyranny of the majority）已经被普遍地包含在需要提防的各种祸害之中了。"②在村民自治过程中，服从多数利益和保护少数利益必须得到维护，不能简单地以农村共同利益或多数利益为由来否认或忽视少数的正当利益，更不能简单以"多数票决制"来为集体利益辩护。《村组法》在这一方面体现得并不明显。在实践中，自由原则也常被忽视。在笔者对河北太行山区十余个农村的调查中，通过诱因分类和动机分析，发现60%以上的干群冲突、村民上访等是因为少数个体的正当利益未被正视或有效补偿而致。因此，多数与少数利益冲突的合理处理问题作为现代性的思维方式之一，需要在村民自治制度和实践中得到合理解决。

再次，多元主义精神。多元主义精神一方面体现在村民对自己的生活方式、行动目标拥有自主性，不依靠其他主体而自行选择、自负其责，其他主体也没有无端干预的权力。这肯定了村民开展自主治理的主体性地位。另一方面，多元主义还体现在自治体内部主体的多元

---

① 徐勇：《村民自治的成长：行政放权与社会发育——1990年代后期以来中国村民自治发展进程的反思》，载《华中师范大学学报》（人文社会科学版）2005年第2期。

② [英]约翰·密尔：《论自由》，于庆生译，北京：中国法制出版社，2009年版，第6页。

性以及多元主体之间的相互包容和平等互动。对于村民自治而言是指在农村内部不同的个体或家庭都有追求自我生活方式、价值偏好和自我发展方面的自主性，这种多元化的自主性既需要包容的文化来维系，也需要多样化的自组织机制来承载。换言之，在村治过程中虽然需要形成一致和秩序，但一致和秩序并不否认多元性。实际上，经过多元主体之间的讨论、协商和妥协，最终形成一致和秩序既是现代性的体现，也是乡村的发展趋势。目前，乡村的自组织机制相对匮乏，农村公共领域的发育尚不成熟，支撑多元协商、理性讨论的制度性渠道还不完善，维持多元性的包容、协商和妥协的多元主义精神也未成为村民、村民自组织的行为惯习。所以，在中国村民自治实践和制度设计中，不能忽视多元主义问题，应着力从组织机制、制度规范和行为理念等层面支持多元互动、理性协商。

最后，"法治—救济"原则。法治原则是指从法律上明确自治空间与政府规制范围的分立，其目的在于划定政府行为的界限，防止政府随意干涉乡村社会的内部事务，从而保证乡村自治体成为一个真正自主的领域。这一点在《村组法》中有明确体现，如2010年修订的《村组法》第五条、第八条和第二十三条等对村委会、村民会议和村民代表会议的自主治理领域进行了界定；第十七条、第二十七条、第三十一条和第三十五条分别对基层政府规制不正当的村委选举、不适当的村民自治章程与村规民约、不合理的村务公开行为以及财务舞弊行为等作了规定。这是必要的，体现了自治的法治原则。救济原则是指对已导致的伤害或损失的不当行为进行纠正的程序。救济原则对自治权而言是一种补救措施，当自治权因为外部规制而被消减或损害时，自治体有陈述、申辩的权利和顺畅的申诉渠道。通过救济程序，如果发现规制确属不正当，对自治实施的规制就需要撤销，因规制而对自治体造成损失的需依法补偿。2010年修订的《村组法》第三十六条规定："乡、民族乡、镇的人民政府干预依法属于村民自治范围事项的，由上一级人民政府责令改正。"这为救济提供了法律依据。但对于申请救济的主体、渠道、时限等并没有明确规定。因此可以说，当代村民自治制度设计和实践中对法治原则有明确体现，但对救济原则重视不够。

四、村民自治的现代性培育：自主治理和主体间性双重推进

综上所述，自治是具有现代属性的政制设计，其包含自主治理和主体间性两个侧面。但目前中国村民自治更多是在自主治理的意义上展开的，主体间性有所体现但程度较低，因此需要通过自主治理和主体间性的双重推进来促成村民自治的现代性发育。

第一，自治的现代性进路无法在朝夕之间完成，需要在自治实践过程中逐步培育形成。一方面，中国村民自治主要是通过政府推动的，并非乡村社会自然发育的结果，在农村缺乏形成自主治理和主体间性的土壤。而且，现代自治所具有的自主治理和主体间性，以及支撑自主治理和主体间性的组织、制度、理念等要素的生成都不会一蹴而就。所以，需要在自治实践中逐渐形成这些支持要素，通过具体的自治实践来锻炼和培养乡村的自主治理能力和性格，进而培育村民的主体性。[1]另一方面，乡村社会及其自治空间往往被视作被改变或型塑的对象，而非参与公共决策和政治过程的能动主体。这既未体现自治的主体间性，又不利于主体间性的发育。所以，有必要通过制度化参与渠道（如"民主恳谈"）的建设，鼓励村民自治体多方位且有序地参与公共议程，形成与政府良性互动、合作共治、协同治理的格局。也就是说，村民自治制度的健全和完善需遵循宏观思维，不能单纯将视野局限于农村内部事务及其自主治理这一层面，而须同时促使村民自治体参与更高层次和更广范围的公共事务，这是培育自治主体间性的重要途径。

第二，村民自治实践的推进及其主体间性的型塑都需要搭建一个自治空间，形成独立、开放的农村公共领域。现代意义上的自治在很大程度上就是一个"堡垒"，强调良好社会秩序的形成和维持不是来自外部力量的控制，而是内部的有效组织与良性互动的结果。因此，政府需逐步放松对乡村社会的直接控制，给予乡村社会以自主治理的空间，让村委会、多元的自组织根据村民诉求开展管理、提供社会化的

---

① 何晔：《从"他治"走向"自治"——新中国农村公共生活模式的历史变迁与未来发展》，载《内蒙古社会科学》（汉文版）2011年第5期。

公共服务,使村民自治权逐步回归村民,让村治过程真正体现村民的自主性和价值偏好。当然,政府放权形成自治空间仅仅是现代自治的必要条件,在自治空间内还须通过乡村自治组织和多元的自组织搭建起一个自治体系,不至于在乡村社会出现管理"真空";并且在农村内部构建一个开放性的、体现公共理性和多元互动的公共领域,使得村民个体、多元自组织等拥有一个可以自由、理性的互动、讨论和协商的平台。

第三,促进村民自组织的生成和发展。多元的、理性化的村民自组织既是自主治理和主体间性得以实现的组织基础,也是活跃于乡村自治空间和公共领域这一平台上的"主体角色"。所以,需要推动村民自组织的发展。改革开放以来,中国乡村的一个重要变化就是个体的利益诉求变强,但组织化程度降低,利益诉求和表达往往是以个体而不是组织的形式出现,这在很大程度上"撕裂"了乡村社会。因此,应该重视村民自组织的培育,重构政府与村民、村委会与村民的组织关系;引导它们在自组织活动中形成秩序,依法有序参与乡村治理。同时,要促成村民自组织的性质复归和功能复位——其存在不是为了完成政府的任务,而是作为一种独立主体存在,目的在于独立自主地处理农村事务、整合基层利益,同村委会一道与基层政府良性互动、合作共治[1]。

第四,促进体现自治现代性的价值性要素的形成。一方面,需要通过教育普及,使得广大村民认知并认同参与精神、多元主义精神、自由原则和"法治—救济"原则等价值性要素,使这些要素成为他们的行动理念,进而将之内化为村民自治过程中的一种思维方式和制度习惯。另一方面,广大村民需要在制度化的自治实践和参与行动中体验、感悟这些价值性要素。实践是推动、培养主体意识的"学校",通过自主治理和民主参与可以培育村民的参与精神、主体意识等现代自治不可缺少的心理因素。[2]所以,在大力倡导和教育的同时,需要健全和完善体现这些价值性要素的制度性渠道,鼓励村民自治体及村民以各种形式有序地参与村内外公共事务的处理,这是弘扬和培育参与精神、多元主义精神等价值性要素的制度基础。

---

① 徐勇:《"防震圈"、自治秩序与基层重建》,载《探索与争鸣》2011年第7期。

② [美]本杰明·巴伯:《强势民主》,彭斌译,长春:吉林人民出版社,2006年版。

《公共经济学》课程案例教学模式探讨①——以公共事业管理专业为例

孙　静

摘要：公共经济学是我国高校公共事业管理专业本科专业基础课程之一，案例教学是提高本课程教学效果的有效途径。根据公共经济学课程案例教学存在的问题，结合公共事业管理专业《公共经济学》学科的教学特点，对课堂案例教学模式加以探讨，以提高学生实践能力与适应社会的能力。

关键词：《公共经济学》；公共事业管理；案例教学；模式

公共事业组织是社会组织的重要组成部分，社会组织的未来发展需要有相应的人才支撑，公共事业管理专业是目前高校所设立的与社会组织有关的主要专业之一，其教学模式、学科体系建设都需要加强。公共经济学是经济学的一个重要分支，由财政学发展而来，是从经济学的角度研究政府部门行为的一门学科，与政治学、社会学、伦理学也存在很多交叉，在公共事业管理的学科教育与专业建设中占有越来越重要的地位。当前日益严峻的国际国内经济形势，使得各国政府越来越重视政府部门对经济的影响与导向性的重大作用。在我国，尤其是在社会转型期的经济发展过程中，政府部门对经济发展的影响更是举重若轻。《公共经济学》课程不仅是国内高校公共事业管理的专业基础课程，也是我国公共管理硕士（MPA）教学的核心课程之一，同时，在一些行政管理专业的课程中，也作为专业基础课开设，其学科地位越来越重要。因此，通过对这一课程的学习，可以极大提高学生的实践能力以及利用理论解决实际问题的能力，是理论与实践

---

① 此文原载于《淮北师范大学学报》（哲学社会科学版），2011年第6期，第185–186页。收入此论文集时有改动。

结合最为紧密的课程之一，其课程教学效果与学生能力的提高密切相关。

目前《公共经济学》这一课程在我国高校开设已经十几年了，与这一课程相关的各教学要素基本趋于成熟，主要体现在以下几个方面：

首先，教师队伍建设方面。《公共经济学》这一课程在国内高校公共事业管理专业开设的历史已经有十几年了，教师队伍从原先由其他专业借用教师到现在的公共事业管理专业科班出身，除各省省属二本院校外，各省一本高校的师资力量已经基本能够满足教学需要。虽然在高学历人才以及学科学位点方面相比其他成熟专业有一定差距，但在基本教学方面，已经基本能够保证一定水准的教学质量。目前主要面临的问题是如何提高教学效果。

其次，教材建设方面。公共事业管理专业设立之初，能选择并适于使用的教材相当匮乏，笔者从 2002 年起担任一所省属重点高校《公共经济学》课程本科教学任务，当时所能见到的教材极其有限，主要是一些国外翻译过来的教材，如布朗的《公共部门经济学》等，国内学者编著教材相对较少，针对中国经济发展与政府部门经济行为进行案例教学的教程，几乎一本没有。只能选择公共管理硕士（MPA）《公共经济学》核心课程教材，这在当时可以说是无奈之选，因为公共管理硕士（MPA）课程的培养目标与一般本科高校的教学培养目标存在着较大的差异。近几年来，作为公共经济学的任课教师，可供选择并适合本科生使用的教材就丰富多了，如北京大学黄恒学的《政府经济学》等。

最后，教学方法方面。已经由以前比较重视理论教学向现在的更为重视理论对实际社会问题的解释与对策应用方面转移，同时，现代社会的发展，以及高校公共事业管理专业毕业生就业压力的日益增大，对学生实践能力、适应社会的能力的要求也较之以前更高，这对教师的教学方法与模式提出了更高的要求，也正是因为有此要求，案例教学在公共经济学课程教学中占据了较为重要的位置。

使用案例教学法，不仅可以极大提升学生的学习兴趣，更重要的是能够使学生更加深入地理解所学理论并学会使用理论分析和解决现实问题，这是至关重要的。目前公共经济学课程案例教学过程中存在着如下问题：

首先，教材建设方面。《公共经济学》课程教学虽然有了较为完善和有针对性的理论性教材可供使用，但具有针对性及实践意义的案例教学相关教材仍然非常缺乏，教学中需要使用的案例多依靠教师自己去寻找，这样就存在着较多问题：一是由于案例多为教师临时采用，容易导致所选案例与讲授内容缺乏足够高的匹配度；二是案例分析课上采用的案例难易度不够一致，若过于简单，会导致教学时间与师生学习精力的浪费；若过于复杂，学生无法深入分析与理解问题，容易挫伤学习的积极性与进一步探究原因的信心，教师在进行总结时也可能导致分析缺乏深度的问题。因此，案例选择非常重要，如不能选取恰当的素材，教师在应用案例进行教学的时候，往往不能得心应手。与此同时，当教师发生变动的时候，也容易导致教学缺乏延续性与一致性，从而影响案例教学效果。

其次，教师素质方面。由于公共经济学这一学科本身发展历程就不是很长，只有几十年的时间，引入我国的时间更短，再加上公共经济学教学发展初期时任课教师多为半路出家，他们往往是从管理学等其他专业转来教授公共经济学，知识储备与教学经验皆有不足，对课程理论的理解深度也相对不足，在进行案例分析时，驾驭课堂的能力往往比较有限，这是案例教学存在的最严重的问题，亟待解决。

另外，课程设置方面。实践课程的比重过小，考核比重也相对不足，导致学生对案例教学重视不够，从而不利于教学效果的提高。

针对以上存在的问题，结合笔者近十年来教授公共经济学的教学经验，提出以下建议供探讨：

第一，推进教材建设。建议组织有丰富教学经验的专家，结合我国公共事业管理专业教学培养计划与目标，选取近五年来有重大影响的政府部门经济行为，精心设置公共经济相关案例，编写适合国内本科生使用的教材，同时需定期更新案例，保持与社会现实问题的紧密结合，这有利于培养学生关注社会，解决实际问题的能力。

第二，提升教师素质。定期组织教师进行教学研讨，在条件允许的情况下，各高校最好能够定期组织教师进行案例教学观摩并及时进行交流与总结。最为重要的是，教师应注重自身知识储备的提升，不仅要进行理论知识的储备，同时也要涉猎政治学、伦理学、管理学等交叉学科的理论，而且在备课的过程中，还要注意搜集与教学内容相关的社会现实问题，尤其是与社会公共事务管理联系密切的社会热点问题，做好案例的收集、记录与整理，注意选取案例与所讲授理论的匹配度，相匹配的理论不宜超过两个（可根据学生的接受能力和其他情况，适当增减），这样难度较为适宜，便于教师进行案例教学设计。这样可以做到既有时效性与现实意义，又能极大吸引学生的学习兴趣，可谓"双赢"。

第三，建立案例教学新模式。首先，在课程设置与考核方面，规定案例教学时间需占整门课程三分之一的比例，同时案例教学考核成绩占期末总成绩的30%-40%。这样，在课程设置上保证案例教学的时间与师生足够的重视程度。其次，组织小组讨论。可以参考MPA小组讨论模式，先将学生进行分组，分组方式可以由学生自由组合或者教师指定，在实际教学中总结出以下分组原则：一是每组人数不宜超过10人；人数太少，会导致意见趋同性的增大；人数过多，又会造成小组讨论时间不够，占用后续的集体发言与课堂分析时间，同时，也容易产生滥竽充数的现象。二是在条件允许的情况下，分组时适当注意男女性别与性格搭配。这种组合方式显然更利于不同意见的冲突与交流。然后，由教师确立选题，并提前一至两周公布，给学生充分的准备时间，以便查阅资料并进行小组讨论。有条件的学校，最好建立专门的小组讨论室，小组内面对面的讨论与交流，有条件的话，还可以设置黑板与投影仪等设备，借助这些工具，可以更利于对案例的充分讨论与深入分析。最后，由小组推荐一至两人做代表，将分析过程与讨论结果以PPT的形式做课堂汇报，时间在15-20分钟以内为宜。成绩可以由教师与同学一起打出，可按比例，如教师70%+学生集体打分30%计算，最终成绩作为整个小组的实践课程成绩，按照一定比例计入期末考试成绩。这种方式相对来说较为公平，笔者在实际教学中已经加以采用，效果良好，对学生实践能力的提高很有帮助。

公共事业管理学科体系建设相关问题探讨①

李薇薇

摘要： 公共事业管理专业的迅速发展，推动了公共事业管理学科体系的构建。众多学者从不同角度对公共事业管理学科体系进行研究，但因种种原因，许多问题尚未澄清，尤其是关于公共事业管理学科理论基础、公共事业管理主体以及公共事业管理理论本土化三个问题，一直是争论的焦点。本文试图通过对国内外主要观点理论的梳理，以期使这三个问题日渐清晰。

关键词： 公共事业管理学科体系；公共事业管理主体；公共事业管理理论基础

自 1999 年东北大学、云南大学率先招收公共事业管理专业首批本科生以来，开设此专业的高等院校与日增多，与此同时，公共事业管理作为一门独立学科的研究也正在如火如荼地进行着，诸多学者从不同角度尝试着构建该学科体系，虽已取得一些进展，但相关研究还处于起步阶段，许多问题还未澄清，亟须进一步探讨。

一、关于公共事业管理学科理论基础的探讨

理论基础的明确对于准确定位学科性质、构建学科体系具有基础性作用，因此学科体系建设的首要问题就是明确公共事业管理学科的理论基础。目前，学界对公共事业管理学科的理论基础众说纷纭，概括起来，主要有以下几种：

---

① 此文原载于《内蒙古师范大学学报》（教育科学版），2007 年第 9 期，第 107–109 页。收录此论文集时有改动。

一是公共物品理论说。公共物品理论属经济学范畴。公共物品理论将物品分为(纯)私人物品、准公共物品和(纯)公共物品。公共事业管理对象大多属于准公共物品范畴,因不能严格满足消费上的排他性和竞争性,且具有外部性,最有效的提供办法就是采取集体行动——由政府或公共事业组织来提供。公共物品理论、特别是准公共物品理论已经得到学界的普遍认可。

二是公共事务理论说。所谓事务,即生产物品的活动,故生产私人物品、准公共物品、公共物品的活动就称之为私人事务、准公共事务和公共事务。公共事业管理就是对准公共事务进行协调的活动。[①]可见,"公共物品理论和公共事务理论所描述的对象是一致的,但其研究和阐述问题的角度不同"[②]。另外,公共事务的分类对于明确公共事业管理的管理范围有了更进一步的界定。

三是公共领域说。按照德国哲学家哈贝马斯(Juergen Habermas)的观点,介于国家与社会之间存在一个"准公共领域",该领域可以借助公众机制协调国家和社会之间产生的各种矛盾冲突,为社会提供公共物品和服务。此外,按照席恒教授的观点,可以根据提供公共物品手段的强制性或志愿性的强弱差异,将公共领域划分为公共权力领域、社会事业领域和公民事业领域,而"社会事业领域和公民事业领域都属于政府之外的'公共事业领域'"[③]。这两种观点都是从社会结构的划分着手,但其划分标准不同,前者是以国家、社会分离为基础,后者是以公共物品提供手段为标准。

四是第三部门说。"第三部门"的概念最早是由美国学者列维特(T. Levitt)提出的。该学说打破了"国家—社会"二分法,立足于"国家—社会—市场"的新型结构关系,将具有组织性、民间性、非营利性、自治性、志愿性的组织视为第三部门,并作为公共事业管理的主体,与政府、私人部门共同作用于整个社会。这一观点是以公共事业管理主体作为研究对象,对公共事业管理进行理论分析的。

五是公共需要说。该观点认为,"社会公共事业是社会公共需要不

---

① 娄成武、郑文范:《公共事业管理学》,北京:高等教育出版社,2002年版,第2页。
② 崔运武:《公共事业管理概论》,北京:高等教育出版社,2002年版,第7页。
③ 席恒:《公与私:公共事业运行机制研究》,北京:商务印书馆,2003年版,第39页。

断增长的产物"①。每一个人都有着各种各样的物质需要和精神需要，在人们的共同活动中，一些人的个人需要就转变成为某一群体或全体公众的共同需要。为了满足这些共同需要，社会组织就要为其提供相应的产品或服务，因此就出现了公共事业。

以上这些观点从多种角度分析了公共事业管理的理论基础，并在一定程度上影响了公共事业管理的理论建构，但在公共事业管理理论和实际建构过程中，每种观点都不能够"恰到好处"地对公共事业管理进行解释。比如说，公共物品理论和公共事务理论可以从"经济人"的角度来解决社会资源配置的问题，但却不能很好地解释公共事业管理的"志愿性"和"民间性"。因此，在对公共事业管理进行理论分析时，并不能单用一种理论，而应共同运用多种理论，比如用公共事务理论对公共事业管理进行分析时，必然会涉及公共物品理论，而且也会运用到其他理论。

笔者认为把公共管理理论和管理科学理论视为公共事业管理的理论基础，更有助于科学、合理地构建公共事业管理的学科体系。

第一，公共管理理论。公共管理理论是在传统公共行政学的基础上，融合P–途径和B–途径而形成的一种新的管理范式，是在市场经济体制下逐步发展起来的，因此更适用于市场经济体制下出现的公共事业管理这一新兴事物。公共管理理论将私人领域的管理理念、方法和技术等引入其中，赋予了公共管理理论一些新的内涵。借助公共管理理论，我们可以明确公共事业管理存在的价值、公共事业管理所处的环境以及公共事业管理与政府管理、企业管理的关系等问题，同时，亦能引入诸如"治理"、"善治"、"人本管理"等新的管理理念，使公共事业管理研究更符合现实的发展需要。

第二，管理科学理论。管理科学理论以泰罗（Frederick Winslow Taylor）的科学管理理论、马克斯·韦伯（Max Weber）的官僚组织理论以及梅奥（George Elton Mayo）为代表的行为科学理论为基础。管理科学理论不仅是公共事业管理重要的理论基础，也是公共事业管理理论得以发展的源泉。应用管理科学理论，可以打破传统的经验管理方法，将科学引入到管理领域，使公共事业管理变得更为合理、精确、

---

① 朱仁显：《公共事业管理概论》，北京：中国人民大学出版社，2003年版，第1页。

有效，同时，亦可对公共事业管理的一般过程、管理原则、管理职能、管理技术和方法等进行分析，有助于探寻公共事业管理的一般规律，发现公共事业管理与其他管理的区别和联系，展现公共事业管理特有的风貌。

公共管理理论和管理科学理论应是公共事业管理理论建立和发展的基础，也是公共事业管理学科体系得以建构和支撑的基石。在建立公共事业管理理论基础时，必须将两者有机结合在一起，用公共管理理论重点分析公共事业管理应该由谁管理、管理什么，用管理科学理论重点分析公共事业管理如何管理，只有这样才能完整地勾勒出公共事业管理的独特特征。

二、关于公共事业管理主体的探讨

关于公共事业管理主体的界定，学界存在着不同的表述，主要集中在以下三个方面。

一是公共组织说。崔运武教授认为，"公共组织是公共事业中最基本的组织，是管理的主体"[①]。公共事业由于自身的公共性、非营利性等特点决定了公共事业管理主体应该是旨在维护公共利益、服务社会公众的社会公共组织。[②]公共组织以政府为核心，决定了公共事业管理是"以政府为核心的公共组织凭借公共权力"对"社会公共事务进行调解控制的过程"。[③]此外，赵立波教授也认为，公共事业管理的主体应包括国家、事业单位和民办非企业单位。[④]此主体范围与公共组织范围大致相似。

二是政府组织说。朱仁显教授参照中西方公共事业管理实践指出，"政府是公共事业管理的主体"。[⑤]从管理对象来看，管理公共事业是政府的基本职能之一，而且在我国现阶段的公共事业管理中，政府仍发挥着非常重要的作用。因此，在研究公共事业管理主体时，都不能将政府排除在外，还将其作为公共事业管理的重要主体。

---

① 崔运武:《公共事业管理概论》，北京:高等教育出版社，2002年版，第16页。
② 王德清、张振改:《公共事业管理》，重庆:重庆大学出版社，2005年版，第88页。
③ 崔运武:《公共事业管理概论》，北京:高等教育出版社，2002年版，第26页。
④ 赵立波:《公共事业管理》，济南:山东人民出版社，2005年版，第34页。
⑤ 朱仁显:《公共事业管理概论》，北京:中国人民大学出版社，2003年版，第8页。

三是公共事业组织说。娄成武教授认为"公共事业组织在公共管理中的作用越来越大，并逐渐成为公共事业管理的主体"①，公共事业组织主要包括事业单位、社会团体和民办非企业单位。②席恒教授也认为公共事业组织主要包括社会事业组织和公民社会组织，前者主要指社会事业单位，后者包括社会团体和民办非企业单位。③两种观点基本一致。之所以把公共事业组织作为公共事业管理的主体，主要是基于社会结构自身运作过程中"公共选择"的结果和我国公共事业的具体实践。

综观上述观点，笔者更倾向于公共事业组织说。

首先，公共组织作为公共事业管理的主体范围过于广泛。一般来说，具有非营利性，利用公共权力为社会公众服务的社会组织都属于公共组织的范畴，④其包括多种不同的组织类型，如政府组织、准政府组织、非政府组织等。它们虽同属于公共组织的范畴，但管理主体、管理客体以及管理方式都有区别。因此，完全以公共组织作为公共事业管理主体范围过于广泛，针对性不强，不利于明确管理主体界限，而且会对未来的研究造成一定的困扰。

对于公共事业管理的主体问题，国内学者主要的争论焦点在于政府是否应该作为主体，笔者认为政府并不适合作为公共事业管理主体。首先，从管理对象来看，管理社会事务仅仅是政府工作的一部分，政府的管理范围要比公共事业管理的范围广，强化政府主体地位很容易造成事务管理之间界限模糊，降低处理公共事务的效率。其次，从当代政府机构改革出发，政事分开、政府职能转变是一种必然的选择，所以将政府作为公共事业管理主体与政治体制改革的实质不相符。另外，从社会需要角度看，随着社会公众对公共物品需求多样化，仅仅以政府作为公共事业管理的主体已经远远不能满足社会发展的需要，必须由其他组织承担起这个责任。基于此，笔者认为，以公共事业组织作为公共事业管理主体最为恰当，如果说在现阶段政府还作为公共事业管理中不可缺少的重要组成部分，我们大可把它看做是

① 娄成武、郑文范：《公共事业管理学》，北京：高等教育出版社，2002年版，第17页。
② 娄成武、郑文范：《公共事业管理学》，北京：高等教育出版社，2002年版，第9-10页。
③ 席恒：《公与私：公共事业运行机制研究》，北京：商务印书馆，2003年版，第36-39页。
④ 娄成武、郑文范：《公共事业管理学》，北京：高等教育出版社，2002年版，第21页。

我国社会"转型期"的一种过渡，随着社会的发展，公共事业组织的力量必然会不断壮大，成为公共事业管理不可忽视的主要力量，在公共事业管理中扮演重要的角色。

三、关于构建中国的公共事业学科体系的问题

"事业"、"公共事业"是我国特有的概念，长期以来，受传统计划经济体制的影响，公共事业实际上等同于国家事业、政府事业，随着市场经济体制的逐步发展，社会事业领域日益壮大，公共事业管理的作用逐步增强，所以亟须一套理论来指导我国公共事业管理的具体实践。就目前而言，将西方知识背景下形成的公民社会理论、第三部门理论、非营利组织理论等理论照搬过来，解释分析我国公共事业成长、发展及存在的问题是最普遍的办法，但是公共事业管理具有较强的中国特色，完全借助西方理论进行分析解释，会与实际操作过程存在切入不深、阐述脱节等问题。这一问题的实质是中西方两套"话语"（discourse）体系的整合问题，也是公共事业管理理论的本土化问题。

公共事业管理理论本土化，首先要从我国公共事业产生、发展入手，在研究我国公共事业理论和管理思想基础上，解释和分析中国特色公共事业管理理论体系。但在现阶段的研究中，我国对于该理论和思想研究较少，即使有相关研究，也只是从史学的角度，就某一类型组织或某一事业领域的演变过程作史料分析，总结规律。如王世刚先生主编的《中国社团史》、邓拓先生的《中国救荒史》、日本学者夫马进的《中国善会善堂史研究》，台湾学者梁其姿的《施善与教化——明清的慈善组织》等都对我国公共事业理论构建提供了有益的帮助。对于思想方面的研究也大多集中在对慈善事业思想的认识和理解上，如王卫平所撰《论中国古代慈善事业的思想基础》（1999年2月，《江苏社会科学》），龚汝富的《中国古代商人的善德观与慈善事业》（2001年4月，《江西财经大学学报》）。这对于建构具有中国特色的公共事业管理理论体系，无疑是具有推动作用的，但这些研究相对于公共事业管理理论体系来说过于零散，而且多从史学角度来对公共事业相关问题进行阐述，缺乏管理层面的理论分析，所以亟须进一步探讨。

　　建立有中国特色的公共事业管理理论，必须要解释和分析我国公共事业独特的运行模式，处理好公共事业组织与政府、社会的良性互动关系。由于多种原因的影响，我国公共事业组织与政府有着"千丝万缕"的联系。无论是事业单位，还是社会团体、民办非企业单位，在其管理公共事业的时候，都离不开政府的主导。政府在公共事业管理过程中发挥的"主导"作用，是我国公共事业管理的一个重要特点，也是构建中国特色公共事业管理学科体系不可忽视的重要内容。随着政治体制改革的不断深入，政事分开、政社分开，使得公共事业组织政治性逐渐削弱，独立性逐渐增强，社会管理角色逐渐明朗。但需要注意的是，在改革的过程中，"过渡性"、"双重性"等特征十分明显，为此，一方面要把握好公共事业体制改革的整体战略方向，以免方向不明，影响改革的成效，另一方面要对仍旧带有计划经济体制痕迹的公共事业组织加大改革力度，使其适应市场经济体制和社会发展需求。基于此，在公共事业管理理论、学科体系建立过程中，要特别注意我国公共事业管理的中国特色运作模式，处理好公共事业组织与政府、与社会的良性互动关系，建立起一种相互联系、互为补充的"治理"模式。

　　在研究方法上，需要建立解释和分析中国特色公共事业产生、发展、成长的方法论。方法论，是一门学科能够进行科学分析的重要工具和手段，其正确性对于理论构建至关重要。在公共事业管理学科方法论的实际构建中，还存在科学性不强、创新性不够、使用不当等问题。作为跨学科的综合性学科，公共事业管理研究中多以借鉴其他学科的研究方法或西方的研究成果对我国公共事业管理问题进行分析阐述，研究过程中由于方法使用不当，很容易出现诸如公共事业组织性质界定不清的情况，这不但会影响公共事业管理理论研究的科学性，而且也不利于公共事业管理技术和方法研究的深入。另外，在研究方法上，大多采用比较分析方法，较多地从中西方相关理论的比较中总结归纳一般性的规律，但这种研究方法是远远不够的，我们还要创造性开发一些新的研究方法。另外，在研究过程中，主要侧重于对基本原理、方法等的规范研究，而忽视或难以较深入地探讨解释性或实证性的问题。因此，在构建公共事业管理理论体系中，加强方法论的研究、创新是亟待解决的重要问题。

　　总之，公共事业学科的发展，不能盲目照搬西方的理论体系，必须在借鉴西方理论体系的基础上，以我国国情为根本，探索解释中国特色公共事业的理论体系，这是能否完善公共事业管理体系的根本性问题。